T&P BOOKS

INGLÊS

VOCABULÁRIO

PORTUGUÊS BRASILEIRO

PORTUGUÊS
INGLÊS AMERICANO

Para alargar o seu léxico e apurar
as suas competências linguísticas

5000 palavras

Vocabulário Português Brasileiro-Inglês americano - 5000 palavras

Por Andrey Taranov

Os vocabulários da T&P Books destinam-se a ajudar a aprender, a memorizar, e a rever palavras estrangeiras. O dicionário é dividido em temas, cobrindo todas as principais esferas de atividades quotidianas, negócios, ciência, cultura, etc.

O processo de aprendizagem, utilizando os dicionários baseados em temáticas da T&P Books dá-lhe as seguintes vantagens:

- Informação de origem corretamente agrupada predetermina o sucesso em fases subsequentes da memorização de palavras
- Disponibilização de palavras derivadas da mesma raiz, o que permite a memorização de unidades de texto (em vez de palavras separadas)
- Pequenas unidades de palavras facilitam o processo de estabelecimento de vínculos associativos necessários para a consolidação do vocabulário
- O nível de conhecimento da língua pode ser estimado pelo número de palavras aprendidas

T&P Books Publishing
www.tpbooks.com

ISBN: 978-1-78767-358-8

Este livro também está disponível em formato E-book.
Por favor visite www.tpbooks.com ou as principais livrarias on-line.

VOCABULÁRIO INGLÊS AMERICANO
palavras mais úteis

Os vocabulários da T&P Books destinam-se a ajudar a aprender, a memorizar, e a rever palavras estrangeiras. O vocabulário contém mais de 5000 palavras de uso comum organizadas tematicamente.

O vocabulário contém as palavras mais comummente usadas
Recomendado como adicional para qualquer curso de línguas
Satisfaz as necessidades dos iniciados e dos alunos avançados de línguas estrangeiras
Conveniente para o uso diário, sessões de revisão e atividades de auto-teste
Permite avaliar o seu vocabulário

Características especias do vocabulário

*   As palavras estão organizadas de acordo com o seu significado, e não por ordem alfabética
*   As palavras são apresentadas em três colunas para facilitar os processos de revisão e auto-teste
*   As palavras compostas são divididas em pequenos blocos para facilitar o processo de aprendizagem
*   O vocabulário oferece uma transcrição simples e adequada de cada palavra estrangeira

O vocabulário contém 155 tópicos incluindo:

Conceitos básicos, Números, Cores, Meses, Estações do ano, Unidades de medida, Roupas & Acessórios, Alimentos & Nutrição, Restaurante, Membros da Família, Parentes, Caráter, Sentimentos, Emoções, Doenças, Cidade, Passeios, Compras, Dinheiro, Casa, Lar, Escritório, Trabalho no Escritório, Importação & Exportação, Marketing, Pesquisa de Emprego, Esportes, Educação, Computador, Internet, Ferramentas, Natureza, Países, Nacionalidades e muito mais ...

TABELA DE CONTEÚDOS

Guia de pronunciação	9
Abreviaturas	11

CONCEITOS BÁSICOS	12
Conceitos básicos. Parte 1	12

1. Pronomes	12
2. Cumprimentos. Saudações. Despedidas	12
3. Como se dirigir a alguém	13
4. Números cardinais. Parte 1	13
5. Números cardinais. Parte 2	14
6. Números ordinais	15
7. Números. Frações	15
8. Números. Operações básicas	15
9. Números. Diversos	15
10. Os verbos mais importantes. Parte 1	16
11. Os verbos mais importantes. Parte 2	17
12. Os verbos mais importantes. Parte 3	18
13. Os verbos mais importantes. Parte 4	19
14. Cores	19
15. Questões	20
16. Preposições	21
17. Palavras funcionais. Advérbios. Parte 1	21
18. Palavras funcionais. Advérbios. Parte 2	23

Conceitos básicos. Parte 2	24

19. Dias da semana	24
20. Horas. Dia e noite	24
21. Meses. Estações	25
22. Unidades de medida	27
23. Recipientes	27

O SER HUMANO	29
O ser humano. O corpo	29

24. Cabeça	29
25. Corpo humano	30

Vestuário & Acessórios	31

26. Roupa exterior. Casacos	31
27. Vestuário de homem & mulher	31

28. Vestuário. Roupa interior	32
29. Adereços de cabeça	32
30. Calçado	32
31. Acessórios pessoais	33
32. Vestuário. Diversos	33
33. Cuidados pessoais. Cosméticos	34
34. Relógios de pulso. Relógios	35

Alimentação. Nutrição 36

35. Comida	36
36. Bebidas	37
37. Vegetais	38
38. Frutos. Nozes	39
39. Pão. Bolaria	40
40. Pratos cozinhados	40
41. Especiarias	41
42. Refeições	42
43. Por a mesa	43
44. Restaurante	43

Família, parentes e amigos 44

45. Informação pessoal. Formulários	44
46. Membros da família. Parentes	44

Medicina 46

47. Doenças	46
48. Sintomas. Tratamentos. Parte 1	47
49. Sintomas. Tratamentos. Parte 2	48
50. Sintomas. Tratamentos. Parte 3	49
51. Médicos	50
52. Medicina. Drogas. Acessórios	50

HABITAT HUMANO 51
Cidade 51

53. Cidade. Vida na cidade	51
54. Instituições urbanas	52
55. Sinais	53
56. Transportes urbanos	54
57. Turismo	55
58. Compras	56
59. Dinheiro	57
60. Correios. Serviço postal	58

Moradia. Casa. Lar 59

61. Casa. Eletricidade	59

62.	Moradia. Mansão	59
63.	Apartamento	59
64.	Mobiliário. Interior	60
65.	Quarto de dormir	61
66.	Cozinha	61
67.	Casa de banho	62
68.	Eletrodomésticos	63

ATIVIDADES HUMANAS — 64
Emprego. Negócios. Parte 1 — 64

69.	Escritório. O trabalho no escritório	64
70.	Processos negociais. Parte 1	65
71.	Processos negociais. Parte 2	66
72.	Produção. Trabalhos	67
73.	Contrato. Acordo	68
74.	Importação & Exportação	69
75.	Finanças	69
76.	Marketing	70
77.	Publicidade	70
78.	Banca	71
79.	Telefone. Conversação telefônica	72
80.	Telefone móvel	72
81.	Estacionário	73
82.	Tipos de negócios	73

Emprego. Negócios. Parte 2 — 76

| 83. | Espetáculo. Feira | 76 |
| 84. | Ciência. Investigação. Cientistas | 77 |

Profissões e ocupações — 78

85.	Procura de emprego. Demissão	78
86.	Gente de negócios	78
87.	Profissões de serviços	79
88.	Profissões militares e postos	80
89.	Oficiais. Padres	81
90.	Profissões agrícolas	81
91.	Profissões artísticas	82
92.	Várias profissões	82
93.	Ocupações. Estatuto social	84

Educação — 85

94.	Escola	85
95.	Colégio. Universidade	86
96.	Ciências. Disciplinas	87
97.	Sistema de escrita. Ortografia	87
98.	Línguas estrangeiras	88

Descanso. Entretenimento. Viagens 90

99. Viagens 90
100. Hotel 90

EQUIPAMENTO TÉCNICO. TRANSPORTES 92
Equipamento técnico. Transportes 92

101. Computador 92
102. Internet. E-mail 93
103. Eletricidade 94
104. Ferramentas 94

Transportes 97

105. Avião 97
106. Comboio 98
107. Barco 99
108. Aeroporto 100

Eventos 102

109. Férias. Evento 102
110. Funerais. Enterro 103
111. Guerra. Soldados 103
112. Guerra. Ações militares. Parte 1 104
113. Guerra. Ações militares. Parte 2 106
114. Armas 107
115. Povos da antiguidade 109
116. Idade média 109
117. Líder. Chefe. Autoridades 111
118. Violação da lei. Criminosos. Parte 1 112
119. Violação da lei. Criminosos. Parte 2 113
120. Polícia. Lei. Parte 1 114
121. Polícia. Lei. Parte 2 115

NATUREZA 117
A Terra. Parte 1 117

122. Espaço sideral 117
123. A Terra 118
124. Pontos cardeais 119
125. Mar. Oceano 119
126. Nomes de Mares e Oceanos 120
127. Montanhas 121
128. Nomes de montanhas 122
129. Rios 122
130. Nomes de rios 123
131. Floresta 123
132. Recursos naturais 124

A Terra. Parte 2   126

133. Tempo   126
134. Tempo extremo. Catástrofes naturais   127

Fauna   128

135. Mamíferos. Predadores   128
136. Animais selvagens   128
137. Animais domésticos   129
138. Pássaros   130
139. Peixes. Animais marinhos   132
140. Anfíbios. Répteis   132
141. Insetos   133

Flora   134

142. Árvores   134
143. Arbustos   134
144. Frutos. Bagas   135
145. Flores. Plantas   136
146. Cereais, grãos   137

PAÍSES. NACIONALIDADES   138

147. Europa Ocidental   138
148. Europa Central e de Leste   138
149. Países da ex-URSS   139
150. Asia   139
151. América do Norte   140
152. América Central do Sul   140
153. Africa   140
154. Austrália. Oceania   141
155. Cidades   141

GUIA DE PRONUNCIAÇÃO

Letra	Exemplo Inglês americano	Alfabeto fonético T&P	Exemplo Português
a	age	[eɪ]	seis
a	bag	[æ]	semana
a	car	[ɑ:]	rapaz
a	care	[eǝ]	fêmea
e	meat	[i:]	cair
e	pen	[e]	metal
e	verb	[ɜ]	minhoca
e	here	[ɪǝ]	variedade
i	life	[aj]	baixar
i	sick	[ɪ]	sinônimo
i	girl	[ø]	orgulhoso
i	fire	[ajǝ]	flyer
o	rose	[ǝʊ]	réu
o	shop	[ɒ]	chamar
o	sport	[ɔ:]	emboço
o	ore	[ɔ:]	emboço
u	to include	[ʊˈ]	blusa
u	sun	[ʌ]	fax
u	church	[ɜ]	minhoca
u	pure	[ʊǝ]	adoecer
y	to cry	[aj]	baixar
y	system	[ɪ]	sinônimo
y	Lyre	[ajǝ]	flyer
y	party	[ɪ]	sinônimo

Consoantes

b	bar	[b]	barril
c	city	[s]	sanita
c	clay	[k]	aquilo
d	day	[d]	dentista
f	face	[f]	safári
g	geography	[ʤ]	adjetivo
g	glue	[g]	gosto
h	home	[h]	[h] aspirada
j	joke	[ʤ]	adjetivo
k	king	[k]	aquilo

Letra	Exemplo Inglês americano	Alfabeto fonético T&P	Exemplo Português
l	love	[l]	libra
m	milk	[m]	magnólia
n	nose	[n]	natureza
p	pencil	[p]	presente
q	queen	[k]	aquilo
r	rose	[r]	riscar
s	sleep	[s]	sanita
s	please	[z]	sésamo
s	pleasure	[ʒ]	talvez
t	table	[t]	tulipa
v	velvet	[v]	fava
w	winter	[w]	página web
x	ox	[ks]	perplexo
x	exam	[gz]	Yangtzé
z	azure	[ʒ]	talvez
z	zebra	[z]	sésamo

Combinações de letras

ch	China	[tʃ]	Tchau!
ch	chemistry	[k]	aquilo
ch	machine	[ʃ]	mês
sh	ship	[ʃ]	mês
th	weather	[ð]	[z] - fricativa dental sonora não-sibilante
th	tooth	[θ]	[s] - fricativa dental surda não-sibilante
ph	telephone	[f]	safári
ck	black	[k]	aquilo
ng	ring	[ŋ]	alcançar
ng	English	[ŋ]	alcançar
wh	white	[w]	página web
wh	whole	[h]	[h] aspirada
wr	wrong	[r]	riscar
gh	enough	[f]	safári
gh	sign	[n]	natureza
kn	knife	[n]	natureza
qu	question	[kv]	aquário
tch	catch	[tʃ]	Tchau!
oo+k	book	[ʊ]	bonita
oo+r	door	[ɔ:]	emboço
ee	tree	[i:]	cair
ou	house	[aʊ]	produção
ou+r	our	[aʊə]	similar - Espanhol 'cacahuete'
ay	today	[eɪ]	seis
ey	they	[eɪ]	seis

ABREVIATURAS
usadas no vocabulário

Abreviaturas do Português

adj	-	adjetivo
adv	-	advérbio
anim.	-	animado
conj.	-	conjunção
desp.	-	esporte
etc.	-	Etcetera
ex.	-	por exemplo
f	-	nome feminino
f pl	-	feminino plural
fem.	-	feminino
inanim.	-	inanimado
m	-	nome masculino
m pl	-	masculino plural
m, f	-	masculino, feminino
masc.	-	masculino
mat.	-	matemática
mil.	-	militar
pl	-	plural
prep.	-	preposição
pron.	-	pronome
sb.	-	sobre
sing.	-	singular
v aux	-	verbo auxiliar
vi	-	verbo intransitivo
vi, vt	-	verbo intransitivo, transitivo
vr	-	verbo reflexivo
vt	-	verbo transitivo

Abreviaturas do Inglês americano

v aux	-	verbo auxiliar
vi	-	verbo intransitivo
vi, vt	-	verbo intransitivo, transitivo
vt	-	verbo transitivo

CONCEITOS BÁSICOS

Conceitos básicos. Parte 1

1. Pronomes

eu	I, me	[aɪ], [mi:]
você	you	[ju:]
ele	he	[hi:]
ela	she	[ʃi:]
ele, ela (neutro)	it	[ɪt]
nós	we	[wi:]
vocês	you	[ju:]
eles, elas	they	[ðeɪ]

2. Cumprimentos. Saudações. Despedidas

Oi!	Hello!	[hə'ləʊ]
Olá!	Hello!	[hə'ləʊ]
Bom dia!	Good morning!	[gʊd 'mɔ:nɪŋ]
Boa tarde!	Good afternoon!	[gʊd ˌɑ:ftə'nu:n]
Boa noite!	Good evening!	[gʊd 'i:vnɪŋ]
cumprimentar (vt)	to say hello	[tə seɪ hə'ləʊ]
Oi!	Hi!	[haɪ]
saudação (f)	greeting	['gri:tɪŋ]
saudar (vt)	to greet (vt)	[tə gri:t]
Tudo bem?	How are you?	[ˌhaʊ ə 'ju:]
E aí, novidades?	What's new?	[ˌwɒts 'nju:]
Tchau! Até logo!	Bye-Bye! Goodbye!	[baɪ-baɪ], [gʊd'baɪ]
Até breve!	See you soon!	['si: ju ˌsu:n]
Adeus!	Goodbye!	[gʊd'baɪ]
despedir-se (dizer adeus)	to say goodbye	[tə seɪ gʊd'baɪ]
Até mais!	So long!	[ˌsəʊ 'lɒŋ]
Obrigado! -a!	Thank you!	['θæŋk ju:]
Muito obrigado! -a!	Thank you very much!	['θæŋk ju 'verɪ mʌtʃ]
De nada	You're welcome.	[jʊə 'welkəm]
Não tem de quê	Don't mention it!	[ˌdəʊnt 'menʃən ɪt]
Desculpa! -pe!	Excuse me!	[ɪk'skju:z mi:]
desculpar (vt)	to excuse (vt)	[tə ɪk'skju:z]
desculpar-se (vr)	to apologize (vi)	[tə ə'pɒlədʒaɪz]
Me desculpe	My apologies.	[maɪ ə'pɒlədʒɪz]

Desculpe!	I'm sorry!	[aɪm 'sɒrɪ]
Não faz mal	It's okay!	[ɪts ˌəʊ'keɪ]
por favor	please	[pliːz]

Não se esqueça!	Don't forget!	[ˌdəʊnt fə'get]
Com certeza!	Certainly!	['sɜːtənlɪ]
Claro que não!	Of course not!	[əv ˌkɔːs 'nɒt]
Está bem! De acordo!	Okay!	[ˌəʊ'keɪ]
Chega!	That's enough!	[ðæts ɪ'nʌf]

3. Como se dirigir a alguém

senhor	mister, sir	['mɪstə], [sɜ;]
senhora	ma'am	[mæm]
senhorita	miss	[mɪs]
jovem	young man	[jʌŋ mæn]
menino	young man	[jʌŋ mæn]
menina	miss	[mɪs]

4. Números cardinais. Parte 1

zero	zero	['zɪərəʊ]
um	one	[wʌn]
dois	two	[tuː]
três	three	[θriː]
quatro	four	[fɔː(r)]

cinco	five	[faɪv]
seis	six	[sɪks]
sete	seven	['sevən]
oito	eight	[eɪt]
nove	nine	[naɪn]

dez	ten	[ten]
onze	eleven	[ɪ'levən]
doze	twelve	[twelv]
treze	thirteen	[ˌθɜː'tiːn]
catorze	fourteen	[ˌfɔː'tiːn]

quinze	fifteen	[fɪf'tiːn]
dezesseis	sixteen	[sɪks'tiːn]
dezessete	seventeen	[ˌsevən'tiːn]
dezoito	eighteen	[eɪ'tiːn]
dezenove	nineteen	[ˌnaɪn'tiːn]

vinte	twenty	['twentɪ]
vinte e um	twenty-one	['twentɪ ˌwʌn]
vinte e dois	twenty-two	['twentɪ ˌtuː]
vinte e três	twenty-three	['twentɪ ˌθriː]

| trinta | thirty | ['θɜːtɪ] |
| trinta e um | thirty-one | ['θɜːtɪ ˌwʌn] |

| trinta e dois | thirty-two | ['θɜ:tɪ ˌtu:] |
| trinta e três | thirty-three | ['θɜ:tɪ ˌθri:] |

quarenta	forty	['fɔ:tɪ]
quarenta e um	forty-one	['fɔ:tɪˌwʌn]
quarenta e dois	forty-two	['fɔ:tɪˌtu:]
quarenta e três	forty-three	['fɔ:tɪˌθri:]

cinquenta	fifty	['fɪftɪ]
cinquenta e um	fifty-one	['fɪftɪ ˌwʌn]
cinquenta e dois	fifty-two	['fɪftɪ ˌtu:]
cinquenta e três	fifty-three	['fɪftɪ ˌθri:]

sessenta	sixty	['sɪkstɪ]
sessenta e um	sixty-one	['sɪkstɪ ˌwʌn]
sessenta e dois	sixty-two	['sɪkstɪ ˌtu:]
sessenta e três	sixty-three	['sɪkstɪ ˌθri:]

setenta	seventy	['sevəntɪ]
setenta e um	seventy-one	['sevəntɪ ˌwʌn]
setenta e dois	seventy-two	['sevəntɪ ˌtu:]
setenta e três	seventy-three	['sevəntɪ ˌθri:]

oitenta	eighty	['eɪtɪ]
oitenta e um	eighty-one	['eɪtɪ ˌwʌn]
oitenta e dois	eighty-two	['eɪtɪ ˌtu:]
oitenta e três	eighty-three	['eɪtɪ ˌθri:]

noventa	ninety	['naɪntɪ]
noventa e um	ninety-one	['naɪntɪ ˌwʌn]
noventa e dois	ninety-two	['naɪntɪ ˌtu:]
noventa e três	ninety-three	['naɪntɪ ˌθri:]

5. Números cardinais. Parte 2

cem	one hundred	[ˌwʌn 'hʌndrəd]
duzentos	two hundred	[tu 'hʌndrəd]
trezentos	three hundred	[θri: 'hʌndrəd]
quatrocentos	four hundred	[ˌfɔ: 'hʌndrəd]
quinhentos	five hundred	[ˌfaɪv 'hʌndrəd]

seiscentos	six hundred	[sɪks 'hʌndrəd]
setecentos	seven hundred	['sevən 'hʌndrəd]
oitocentos	eight hundred	[eɪt 'hʌndrəd]
novecentos	nine hundred	[ˌnaɪn 'hʌndrəd]

mil	one thousand	[ˌwʌn 'θaʊzənd]
dois mil	two thousand	[tu 'θaʊzənd]
três mil	three thousand	[θri: 'θaʊzənd]
dez mil	ten thousand	[ten 'θaʊzənd]
cem mil	one hundred thousand	[ˌwʌn 'hʌndrəd 'θaʊzənd]

| um milhão | million | ['mɪljən] |
| um bilhão | billion | ['bɪljən] |

6. Números ordinais

primeiro (adj)	**first**	[fɜːst]
segundo (adj)	**second**	['sekənd]
terceiro (adj)	**third**	[θɜːd]
quarto (adj)	**fourth**	[fɔːθ]
quinto (adj)	**fifth**	[fɪfθ]

sexto (adj)	**sixth**	[sɪksθ]
sétimo (adj)	**seventh**	['sevənθ]
oitavo (adj)	**eighth**	[eɪtθ]
nono (adj)	**ninth**	[naɪnθ]
décimo (adj)	**tenth**	[tenθ]

7. Números. Frações

fração (f)	**fraction**	['frækʃən]
um meio	**one half**	[ˌwʌn 'hɑːf]
um terço	**one third**	[wʌn θɜːd]
um quarto	**one quarter**	[wʌn 'kwɔːtə(r)]

um oitavo	**one eighth**	[wʌn 'eɪtθ]
um décimo	**one tenth**	[wʌn tenθ]
dois terços	**two thirds**	[tu θɜːdz]
três quartos	**three quarters**	[θriː 'kwɔːtəz]

8. Números. Operações básicas

subtração (f)	**subtraction**	[səb'trækʃən]
subtrair (vi, vt)	**to subtract** (vi, vt)	[tə səb'trækt]
divisão (f)	**division**	[dɪ'vɪʒən]
dividir (vt)	**to divide** (vt)	[tə dɪ'vaɪd]

adição (f)	**addition**	[ə'dɪʃən]
somar (vt)	**to add up** (vt)	[tə æd 'ʌp]
adicionar (vt)	**to add** (vi, vt)	[tə æd]
multiplicação (f)	**multiplication**	[ˌmʌltɪplɪ'keɪʃən]
multiplicar (vt)	**to multiply** (vt)	[tə 'mʌltɪplaɪ]

9. Números. Diversos

algarismo, dígito (m)	**figure**	['fɪgjə]
número (m)	**number**	['nʌmbə(r)]
numeral (m)	**numeral**	['njuːmərəl]
menos (m)	**minus sign**	['maɪnəs saɪn]
mais (m)	**plus sign**	[plʌs saɪn]
fórmula (f)	**formula**	['fɔːmjʊlə]
cálculo (m)	**calculation**	[ˌkælkjʊ'leɪʃən]
contar (vt)	**to count** (vi, vt)	[tə kaʊnt]

comparar (vt)	to compare (vt)	[tə kəm'peə(r)]
Quanto?	How much?	[ˌhaʊ 'mʌtʃ]
Quantos? -as?	How many?	[ˌhaʊ 'menɪ]

soma (f)	sum, total	[sʌm], ['təʊtəl]
resultado (m)	result	[rɪ'zʌlt]
resto (m)	remainder	[rɪ'meɪndə(r)]

alguns, algumas ...	a few ...	[ə fjuː]
pouco (~ tempo)	little	['lɪtəl]
resto (m)	the rest	[ðə rest]
um e meio	one and a half	['wʌn ənd ə ˌhɑːf]
dúzia (f)	dozen	['dʌzən]

ao meio	in half	[ɪn 'hɑːf]
em partes iguais	equally	['iːkwəlɪ]
metade (f)	half	[hɑːf]
vez (f)	time	[taɪm]

10. Os verbos mais importantes. Parte 1

abrir (vt)	to open (vt)	[tə 'əʊpən]
acabar, terminar (vt)	to finish (vt)	[tə 'fɪnɪʃ]
aconselhar (vt)	to advise (vt)	[tə əd'vaɪz]
adivinhar (vt)	to guess (vt)	[tə ges]
advertir (vt)	to warn (vt)	[tə wɔːn]

ajudar (vt)	to help (vt)	[tə help]
almoçar (vi)	to have lunch	[tə hæv lʌntʃ]
alugar (~ um apartamento)	to rent (vt)	[tə rent]
amar (pessoa)	to love (vt)	[tə lʌv]
ameaçar (vt)	to threaten (vt)	[tə 'θretən]

anotar (escrever)	to write down	[tə ˌraɪt 'daʊn]
apressar-se (vr)	to hurry (vi)	[tə 'hʌrɪ]
arrepender-se (vr)	to regret (vi)	[tə rɪ'gret]
assinar (vt)	to sign (vt)	[tə saɪn]
brincar (vi)	to joke (vi)	[tə dʒəʊk]

brincar, jogar (vi, vt)	to play (vi)	[tə pleɪ]
buscar (vt)	to look for ...	[tə lʊk fɔː(r)]
caçar (vi)	to hunt (vi, vt)	[tə hʌnt]
cair (vi)	to fall (vi)	[tə fɔːl]
cavar (vt)	to dig (vt)	[tə dɪg]
chamar (~ por socorro)	to call (vt)	[tə kɔːl]

chegar (vi)	to arrive (vi)	[tə ə'raɪv]
chorar (vi)	to cry (vi)	[tə kraɪ]
começar (vt)	to begin (vt)	[tə bɪ'gɪn]
comparar (vt)	to compare (vt)	[tə kəm'peə(r)]
concordar (dizer "sim")	to agree (vi)	[tə ə'griː]

confiar (vt)	to trust (vt)	[tə trʌst]
confundir (equivocar-se)	to confuse, to mix up (vt)	[tə kən'fjuːz], [tə mɪks ʌp]

conhecer (vt)	to know (vt)	[tə nəʊ]
contar (fazer contas)	to count (vt)	[tə kaʊnt]
contar com ...	to count on ...	[tə kaʊnt ɒn]
continuar (vt)	to continue (vt)	[tə kən'tɪnju:]

controlar (vt)	to control (vt)	[tə kən'trəʊl]
convidar (vt)	to invite (vt)	[tə ɪn'vaɪt]
correr (vi)	to run (vi)	[tə rʌn]
criar (vt)	to create (vt)	[tə kri:'eɪt]
custar (vt)	to cost (vt)	[tə kɒst]

11. Os verbos mais importantes. Parte 2

dar (vt)	to give (vt)	[tə gɪv]
dar uma dica	to give a hint	[tə gɪv ə hɪnt]
decorar (enfeitar)	to decorate (vt)	[tə 'dekəreɪt]
defender (vt)	to defend (vt)	[tə dɪ'fend]
deixar cair (vt)	to drop (vt)	[tə drɒp]

descer (para baixo)	to come down	[tə kʌm daʊn]
desculpar (vt)	to excuse (vt)	[tə ɪk'skju:z]
dirigir (~ uma empresa)	to run, to manage	[tə rʌn], [tə 'mænɪdʒ]
discutir (notícias, etc.)	to discuss (vt)	[tə dɪs'kʌs]

disparar, atirar (vi)	to shoot (vi)	[tə ʃu:t]
dizer (vt)	to say (vt)	[tə seɪ]
duvidar (vt)	to doubt (vi)	[tə daʊt]
encontrar (achar)	to find (vt)	[tə faɪnd]
enganar (vt)	to deceive (vi, vt)	[tə dɪ'si:v]

entender (vt)	to understand (vt)	[tə,ʌndə'stænd]
entrar (na sala, etc.)	to enter (vt)	[tə 'entə(r)]
enviar (uma carta)	to send (vt)	[tə send]
errar (enganar-se)	to make a mistake	[tə meɪk ə mɪ'steɪk]
escolher (vt)	to choose (vt)	[tə ʧu:z]

esconder (vt)	to hide (vt)	[tə haɪd]
escrever (vt)	to write (vt)	[tə raɪt]
esperar (aguardar)	to wait (vt)	[tə weɪt]
esperar (ter esperança)	to hope (vi, vt)	[tə həʊp]
esquecer (vt)	to forget (vi, vt)	[tə fə'get]

estudar (vt)	to study (vt)	[tə 'stʌdɪ]
exigir (vt)	to demand (vt)	[tə dɪ'mɑ:nd]
existir (vi)	to exist (vi)	[tə ɪg'zɪst]
explicar (vt)	to explain (vt)	[tə ɪk'spleɪn]

falar (vi)	to speak (vi, vt)	[tə spi:k]
faltar (a la escuela, etc.)	to miss (vt)	[tə mɪs]
fazer (vt)	to do (vt)	[tə du:]
ficar em silêncio	to keep silent	[tə ki:p 'saɪlənt]
gabar-se (vr)	to boast (vi)	[tə bəʊst]
gostar (apreciar)	to like (vt)	[tə laɪk]
gritar (vi)	to shout (vi)	[tə ʃaʊt]

guardar (fotos, etc.)	to keep (vt)	[tə ki:p]
informar (vt)	to inform (vt)	[tə ɪn'fɔ:m]
insistir (vi)	to insist (vi, vt)	[tə ɪn'sɪst]

insultar (vt)	to insult (vt)	[tə ɪn'sʌlt]
interessar-se (vr)	to be interested in ...	[tə bi 'ɪntrestɪd ɪn]
ir (a pé)	to go (vi)	[tə gəʊ]
ir nadar	to go for a swim	[tə gəʊ fərə swɪm]
jantar (vi)	to have dinner	[tə hæv 'dɪnə(r)]

12. Os verbos mais importantes. Parte 3

ler (vt)	to read (vi, vt)	[tə ri:d]
libertar, liberar (vt)	to liberate (vt)	[tə 'lɪbəreɪt]
matar (vt)	to kill (vt)	[tə kɪl]
mencionar (vt)	to mention (vt)	[tə 'menʃən]
mostrar (vt)	to show (vt)	[tə ʃəʊ]

mudar (modificar)	to change (vt)	[tə ʧeɪndʒ]
nadar (vi)	to swim (vi)	[tə swɪm]
negar-se a ... (vr)	to refuse (vi, vt)	[tə rɪ'fju:z]
objetar (vt)	to object (vi, vt)	[tə əb'dʒekt]

observar (vt)	to observe (vt)	[tə əb'zɜ:v]
ordenar (mil.)	to order (vi, vt)	[tə 'ɔ:də(r)]
ouvir (vt)	to hear (vt)	[tə hɪə(r)]
pagar (vt)	to pay (vi, vt)	[tə peɪ]
parar (vi)	to stop (vi)	[tə stɒp]

parar, cessar (vt)	to stop (vt)	[tə stɒp]
participar (vi)	to participate (vi)	[tə pɑ:'tɪsɪpeɪt]
pedir (comida, etc.)	to order (vt)	[tə 'ɔ:də(r)]
pedir (um favor, etc.)	to ask (vt)	[tə ɑ:sk]
pegar (tomar)	to take (vt)	[tə teɪk]

pegar (uma bola)	to catch (vt)	[tə kæʧ]
pensar (vi, vt)	to think (vi, vt)	[tə θɪŋk]
perceber (ver)	to notice (vt)	[tə 'nəʊtɪs]
perdoar (vt)	to forgive (vt)	[tə fə'gɪv]
perguntar (vt)	to ask (vt)	[tə ɑ:sk]

permitir (vt)	to permit (vt)	[tə pə'mɪt]
pertencer a ... (vi)	to belong to ...	[tə bɪ'lɒŋ tu:]
planejar (vt)	to plan (vt)	[tə plæn]
poder (~ fazer algo)	can (v aux)	[kæn]
possuir (uma casa, etc.)	to own (vt)	[tə əʊn]

preferir (vt)	to prefer (vt)	[tə prɪ'fɜ:(r)]
preparar (vt)	to cook (vt)	[tə kʊk]
prever (vt)	to expect (vt)	[tə ɪk'spekt]
prometer (vt)	to promise (vt)	[tə 'prɒmɪs]
pronunciar (vt)	to pronounce (vt)	[tə prə'naʊns]
propor (vt)	to propose (vt)	[tə prə'pəʊz]
punir (castigar)	to punish (vt)	[tə 'pʌnɪʃ]

quebrar (vt)	to break (vt)	[tə breɪk]
queixar-se de ...	to complain (vi, vt)	[tə kəm'pleɪn]
querer (desejar)	to want (vt)	[tə wɒnt]

13. Os verbos mais importantes. Parte 4

ralhar, repreender (vt)	to scold (vt)	[tə skəʊld]
recomendar (vt)	to recommend (vt)	[tə ˌrekə'mend]
repetir (dizer outra vez)	to repeat (vt)	[tə rɪ'piːt]
reservar (~ um quarto)	to reserve, to book	[tə rɪ'zɜːv], [tə bʊk]
responder (vt)	to answer (vi, vt)	[tə 'ɑːnsə(r)]

rezar, orar (vi)	to pray (vi, vt)	[tə preɪ]
rir (vi)	to laugh (vi)	[tə lɑːf]
roubar (vt)	to steal (vt)	[tə stiːl]
saber (vt)	to know (vt)	[tə nəʊ]
sair (~ de casa)	to go out	[tə gəʊ aʊt]

salvar (resgatar)	to save, to rescue	[tə seɪv], [tə 'reskjuː]
seguir (~ alguém)	to follow ...	[tə 'fɒləʊ]
sentar-se (vr)	to sit down (vi)	[tə sɪt daʊn]
ser necessário	to be needed	[tə bi 'niːdɪd]

ser, estar	to be (vi)	[tə biː]
significar (vt)	to mean (vt)	[tə miːn]
sorrir (vi)	to smile (vi)	[tə smaɪl]
subestimar (vt)	to underestimate (vt)	[tə ˌʌndə'restɪmeɪt]
surpreender-se (vr)	to be surprised	[tə bi sə'praɪzd]

tentar (~ fazer)	to try (vt)	[tə traɪ]
ter (vt)	to have (vt)	[tə hæv]
ter fome	to be hungry	[tə bi 'hʌŋgrɪ]

ter medo	to be afraid	[tə bi ə'freɪd]
ter sede	to be thirsty	[tə bi 'θɜːstɪ]
tocar (com as mãos)	to touch (vt)	[tə tʌtʃ]
tomar café da manhã	to have breakfast	[tə hæv 'brekfəst]
trabalhar (vi)	to work (vi)	[tə wɜːk]
traduzir (vt)	to translate (vt)	[tə træns'leɪt]

unir (vt)	to unite (vt)	[tə juː'naɪt]
vender (vt)	to sell (vt)	[tə sel]
ver (vt)	to see (vt)	[tə siː]
virar (~ para a direita)	to turn (vi)	[tə tɜːn]
voar (vi)	to fly (vi)	[tə flaɪ]

14. Cores

cor (f)	color	['kʌlə(r)]
tom (m)	shade	[ʃeɪd]
tonalidade (m)	hue	[hjuː]
arco-íris (m)	rainbow	['reɪnbəʊ]

branco (adj)	white	[waɪt]
preto (adj)	black	[blæk]
cinza (adj)	gray	[greɪ]

verde (adj)	green	[gri:n]
amarelo (adj)	yellow	['jeləʊ]
vermelho (adj)	red	[red]

azul (adj)	blue	[blu:]
azul claro (adj)	light blue	[ˌlaɪt 'blu:]
rosa (adj)	pink	[pɪŋk]
laranja (adj)	orange	['ɒrɪndʒ]
violeta (adj)	violet	['vaɪələt]
marrom (adj)	brown	[braʊn]

| dourado (adj) | golden | ['gəʊldən] |
| prateado (adj) | silvery | ['sɪlvərɪ] |

bege (adj)	beige	[beɪʒ]
creme (adj)	cream	[kri:m]
turquesa (adj)	turquoise	['tɜ:kwɔɪz]
vermelho cereja (adj)	cherry red	['tʃerɪ red]
lilás (adj)	lilac	['laɪlək]
carmim (adj)	crimson	['krɪmzən]

claro (adj)	light	[laɪt]
escuro (adj)	dark	[dɑ:k]
vivo (adj)	bright	[braɪt]

de cor	colored	['kʌləd]
a cores	color	['kʌlə(r)]
preto e branco (adj)	black-and-white	[blæk ən waɪt]
unicolor (de uma só cor)	plain, one-colored	[pleɪn], [ˌwʌn'kʌləd]
multicolor (adj)	multicolored	['mʌltɪˌkʌləd]

15. Questões

Quem?	Who?	[hu:]
O que?	What?	[wɒt]
Onde?	Where?	[weə]
Para onde?	Where?	[weə]
De onde?	From where?	[frɒm weə]
Quando?	When?	[wen]
Para quê?	Why?	[waɪ]

Para quê?	What for?	[wɒt fɔ:(r)]
Como?	How?	[haʊ]
Qual (~ deles?)	Which?	[wɪtʃ]

A quem?	To whom?	[tə hu:m]
De quem?	About whom?	[ə'baʊt ˌhu:m]
Do quê?	About what?	[ə'baʊt ˌwɒt]
Com quem?	With whom?	[wɪð 'hu:m]
Quantos? -as?	How many?	[ˌhaʊ 'menɪ]

| Quanto? | How much? | [ˌhaʊ ˈmʌtʃ] |
| De quem (~ é isto?) | Whose? | [huːz] |

16. Preposições

com (prep.)	with	[wɪð]
sem (prep.)	without	[wɪˈðaʊt]
a, para (exprime lugar)	to	[tuː]
sobre (ex. falar ~)	about	[əˈbaʊt]
antes de ...	before	[bɪˈfɔː(r)]
em frente de ...	in front of ...	[ɪn ˈfrʌnt əv]

debaixo de ...	under	[ˈʌndə(r)]
sobre (em cima de)	above	[əˈbʌv]
em ..., sobre ...	on	[ɒn]
de, do (sou ~ Rio de Janeiro)	from	[frɒm]
de (feito ~ pedra)	of	[əv]

| em (~ 3 dias) | in | [ɪn] |
| por cima de ... | over | [ˈəʊvə(r)] |

17. Palavras funcionais. Advérbios. Parte 1

Onde?	Where?	[weə]
aqui	here	[hɪə(r)]
lá, ali	there	[ðeə(r)]

| em algum lugar | somewhere | [ˈsʌmweə(r)] |
| em lugar nenhum | nowhere | [ˈnəʊweə(r)] |

| perto de ... | by | [baɪ] |
| perto da janela | by the window | [baɪ ðə ˈwɪndəʊ] |

Para onde?	Where?	[weə]
aqui	here	[hɪə(r)]
para lá	there	[ðeə(r)]
daqui	from here	[frɒm hɪə(r)]
de lá, dali	from there	[frɒm ðeə(r)]

| perto | close | [kləʊs] |
| longe | far | [fɑː(r)] |

não fica longe	not far	[nɒt fɑː(r)]
esquerdo (adj)	left	[left]
à esquerda	on the left	[ɒn ðə left]
para a esquerda	to the left	[tə ðə left]

direito (adj)	right	[raɪt]
à direita	on the right	[ɒn ðə raɪt]
para a direita	to the right	[tə ðə raɪt]
em frente	in front	[ɪn frʌnt]
da frente	front	[frʌnt]

adiante (para a frente)	ahead	[ə'hed]
atrás de ...	behind	[bɪ'haɪnd]
de trás	from behind	[frɒm bɪ'haɪnd]
para trás	back	[bæk]

meio (m), metade (f)	middle	['mɪdəl]
no meio	in the middle	[ɪn ðə 'mɪdəl]

do lado	at the side	[ət ðə saɪd]
em todo lugar	everywhere	['evrɪweə(r)]
por todos os lados	around	[ə'raʊnd]

de dentro	from inside	[frɒm ɪn'saɪd]
para algum lugar	somewhere	['sʌmweə(r)]
diretamente	straight	[streɪt]
de volta	back	[bæk]

de algum lugar	from anywhere	[frɒm 'enɪweə(r)]
de algum lugar	from somewhere	[frɒm 'sʌmweə(r)]

em primeiro lugar	firstly	['fɜːstlɪ]
em segundo lugar	secondly	['sekəndlɪ]
em terceiro lugar	thirdly	['θɜːdlɪ]

de repente	suddenly	['sʌdənlɪ]
no início	at first	[ət fɜːst]
pela primeira vez	for the first time	[fɔː ðə 'fɜːst ˌtaɪm]
muito antes de ...	long before ...	[lɒŋ bɪ'fɔː(r)]
para sempre	for good	[fɔː 'gʊd]

nunca	never	['nevə(r)]
de novo	again	[ə'gen]
agora	now	[naʊ]
frequentemente	often	['ɒfən]
então	then	[ðen]
urgentemente	urgently	['ɜːdʒəntlɪ]
normalmente	usually	['juːʒəlɪ]

a propósito, ...	by the way, ...	[baɪ ðə weɪ]
é possível	possibly	['pɒsəblɪ]
provavelmente	probably	['prɒbəblɪ]
talvez	maybe	['meɪbiː]
além disso, ...	besides ...	[bɪ'saɪdz]
por isso ...	that's why ...	[ðæts waɪ]
apesar de ...	in spite of ...	[ɪn 'spaɪt əv]
graças a ...	thanks to ...	['θæŋks tuː]

que (pron.)	what	[wɒt]
que (conj.)	that	[ðæt]
algo	something	['sʌmθɪŋ]
alguma coisa	anything, something	['enɪθɪŋ], ['sʌmθɪŋ]
nada	nothing	['nʌθɪŋ]

quem	who	[huː]
alguém (~ que ...)	someone	['sʌmwʌn]
alguém (com ~)	somebody	['sʌmbədɪ]

ninguém	nobody	['nəʊbədɪ]
para lugar nenhum	nowhere	['nəʊweə(r)]
de ninguém	nobody's	['nəʊbədɪz]
de alguém	somebody's	['sʌmbədɪz]

tão	so	[səʊ]
também (gostaria ~ de ...)	also	['ɔ:lsəʊ]
também (~ eu)	too	[tu:]

18. Palavras funcionais. Advérbios. Parte 2

Por quê?	Why?	[waɪ]
por alguma razão	for some reason	[fɔ: 'sʌm ˌri:zən]
porque ...	because ...	[bɪ'kɒz]

e (tu ~ eu)	and	[ænd]
ou (ser ~ não ser)	or	[ɔ:(r)]
mas (porém)	but	[bʌt]
para (~ a minha mãe)	for	[fɔ:r]

muito, demais	too	[tu:]
só, somente	only	['əʊnlɪ]
exatamente	exactly	[ɪg'zæktlɪ]
cerca de (~ 10 kg)	about	[ə'baʊt]

aproximadamente	approximately	[ə'prɒksɪmətlɪ]
aproximado (adj)	approximate	[ə'prɒksɪmət]
quase	almost	['ɔ:lməʊst]
resto (m)	the rest	[ðə rest]

o outro (segundo)	the other	[ðə ʌðə(r)]
outro (adj)	other	['ʌðə(r)]
cada (adj)	each	[i:tʃ]
qualquer (adj)	any	['enɪ]
muitos, muitas	many	['menɪ]
muito	much	[mʌtʃ]
muitas pessoas	many people	[ˌmenɪ 'pi:pəl]
todos	all	[ɔ:l]

em troca de ...	in return for ...	[ɪn rɪ'tɜ:n fɔ:]
em troca	in exchange	[ɪn ɪks'tʃeɪndʒ]
à mão	by hand	[baɪ hænd]
pouco provável	hardly	['hɑ:dlɪ]

provavelmente	probably	['prɒbəblɪ]
de propósito	on purpose	[ɒn 'pɜ:pəs]
por acidente	by accident	[baɪ 'æksɪdənt]

muito	very	['verɪ]
por exemplo	for example	[fɔ:r ɪg'zɑ:mpəl]
entre	between	[bɪ'twi:n]
entre (no meio de)	among	[ə'mʌŋ]
tanto	so much	[səʊ mʌtʃ]
especialmente	especially	[ɪ'speʃəlɪ]

Conceitos básicos. Parte 2

19. Dias da semana

segunda-feira (f)	Monday	['mʌndɪ]
terça-feira (f)	Tuesday	['tjuːzdɪ]
quarta-feira (f)	Wednesday	['wenzdɪ]
quinta-feira (f)	Thursday	['θɜːzdɪ]
sexta-feira (f)	Friday	['fraɪdɪ]
sábado (m)	Saturday	['sætədɪ]
domingo (m)	Sunday	['sʌndɪ]
hoje	today	[tə'deɪ]
amanhã	tomorrow	[tə'mɒrəʊ]
depois de amanhã	the day after tomorrow	[ðə deɪ 'ɑːftə tə'mɒrəʊ]
ontem	yesterday	['jestədɪ]
anteontem	the day before yesterday	[ðə deɪ bɪ'fɔː 'jestədɪ]
dia (m)	day	[deɪ]
dia (m) de trabalho	working day	['wɜːkɪŋ deɪ]
feriado (m)	public holiday	['pʌblɪk 'hɒlɪdeɪ]
dia (m) de folga	day off	[ˌdeɪ'ɒf]
fim (m) de semana	weekend	[ˌwiːk'end]
o dia todo	all day long	[ɔːl 'deɪ ˌlɒŋ]
no dia seguinte	the next day	[ðə nekst deɪ]
há dois dias	two days ago	[tu deɪz ə'gəʊ]
na véspera	the day before	[ðə deɪ bɪ'fɔː(r)]
diário (adj)	daily	['deɪlɪ]
todos os dias	every day	[ˌevrɪ 'deɪ]
semana (f)	week	[wiːk]
na semana passada	last week	[ˌlɑːst 'wiːk]
semana que vem	next week	[ˌnekst 'wiːk]
semanal (adj)	weekly	['wiːklɪ]
toda semana	every week	[ˌevrɪ 'wiːk]
duas vezes por semana	twice a week	[ˌtwaɪs ə 'wiːk]
toda terça-feira	every Tuesday	['evrɪ 'tjuːzdɪ]

20. Horas. Dia e noite

manhã (f)	morning	['mɔːnɪŋ]
de manhã	in the morning	[ɪn ðə 'mɔːnɪŋ]
meio-dia (m)	noon, midday	[nuːn], ['mɪddeɪ]
à tarde	in the afternoon	[ɪn ðə ˌɑːftə'nuːn]
tardinha (f)	evening	['iːvnɪŋ]
à tardinha	in the evening	[ɪn ðɪ 'iːvnɪŋ]

noite (f)	night	[naɪt]
à noite	at night	[ət naɪt]
meia-noite (f)	midnight	['mɪdnaɪt]

segundo (m)	second	['sekənd]
minuto (m)	minute	['mɪnɪt]
hora (f)	hour	['auə(r)]
meia hora (f)	half an hour	[ˌhɑːf ən 'auə(r)]
quarto (m) de hora	a quarter-hour	[ə 'kwɔːtər'auə(r)]
quinze minutos	fifteen minutes	[fɪf'tiːn 'mɪnɪts]
vinte e quatro horas	twenty four hours	['twentɪ fɔːr'auəz]

nascer (m) do sol	sunrise	['sʌnraɪz]
amanhecer (m)	dawn	[dɔːn]
madrugada (f)	early morning	['ɜːlɪ 'mɔːnɪŋ]
pôr-do-sol (m)	sunset	['sʌnset]

de madrugada	early in the morning	['ɜːlɪ ɪn ðə 'mɔːnɪŋ]
esta manhã	this morning	[ðɪs 'mɔːnɪŋ]
amanhã de manhã	tomorrow morning	[tə'mɒrəu 'mɔːnɪŋ]

esta tarde	this afternoon	[ðɪs ˌɑːftə'nuːn]
à tarde	in the afternoon	[ɪn ðə ˌɑːftə'nuːn]
amanhã à tarde	tomorrow afternoon	[tə'mɒrəu ˌɑːftə'nuːn]

| esta noite, hoje à noite | tonight | [tə'naɪt] |
| amanhã à noite | tomorrow night | [tə'mɒrəu naɪt] |

às três horas em ponto	at 3 o'clock sharp	[ət θri: ə'klɒk ʃɑːp]
por volta das quatro	about 4 o'clock	[ə'baut ˌfɔːrə'klɒk]
às doze	by 12 o'clock	[baɪ twelv ə'klɒk]

em vinte minutos	in 20 minutes	[ɪn 'twentɪ ˌmɪnɪts]
em uma hora	in an hour	[ɪn ən 'auə(r)]
a tempo	on time	[ɒn 'taɪm]

... um quarto para	a quarter to ...	[ə 'kwɔːtə tə]
dentro de uma hora	within an hour	[wɪ'ðɪn æn 'auə(r)]
a cada quinze minutos	every 15 minutes	['evrɪ fɪf'tiːn 'mɪnɪts]
as vinte e quatro horas	round the clock	['raund ðə ˌklɒk]

21. Meses. Estações

janeiro (m)	January	['ʤænjuərɪ]
fevereiro (m)	February	['februərɪ]
março (m)	March	[mɑːʧ]
abril (m)	April	['eɪprəl]
maio (m)	May	[meɪ]
junho (m)	June	[ʤuːn]

julho (m)	July	[ʤuː'laɪ]
agosto (m)	August	['ɔːgəst]
setembro (m)	September	[sep'tembə(r)]
outubro (m)	October	[ɒk'təubə(r)]

novembro (m)	November	[nəʊˈvembə(r)]
dezembro (m)	December	[dɪˈsembə(r)]
primavera (f)	spring	[sprɪŋ]
na primavera	in (the) spring	[ɪn (ðə) sprɪŋ]
primaveril (adj)	spring	[sprɪŋ]
verão (m)	summer	[ˈsʌmə(r)]
no verão	in (the) summer	[ɪn (ðə) ˈsʌmə(r)]
de verão	summer	[ˈsʌmə(r)]
outono (m)	fall	[fɔ:l]
no outono	in (the) fall	[ɪn (ðə) fɔ:l]
outonal (adj)	fall	[fɔ:l]
inverno (m)	winter	[ˈwɪntə(r)]
no inverno	in (the) winter	[ɪn (ðə) ˈwɪntə(r)]
de inverno	winter	[ˈwɪntə(r)]
mês (m)	month	[mʌnθ]
este mês	this month	[ðɪs mʌnθ]
mês que vem	next month	[ˌnekst ˈmʌnθ]
no mês passado	last month	[ˌlɑ:st ˈmʌnθ]
um mês atrás	a month ago	[əˌmʌnθ əˈgəʊ]
em um mês	in a month	[ɪn ə ˈmʌnθ]
em dois meses	in two months	[ɪn ˌtu: ˈmʌnθs]
todo o mês	the whole month	[ðə ˌhəʊl ˈmʌnθ]
um mês inteiro	all month long	[ɔ:l ˈmʌnθ ˌlɒŋ]
mensal (adj)	monthly	[ˈmʌnθlɪ]
mensalmente	monthly	[ˈmʌnθlɪ]
todo mês	every month	[ˌevrɪ ˈmʌnθ]
duas vezes por mês	twice a month	[ˌtwaɪs ə ˈmʌnθ]
ano (m)	year	[jɪə(r)]
este ano	this year	[ðɪs jɪə(r)]
ano que vem	next year	[ˌnekst ˈjɪə(r)]
no ano passado	last year	[ˌlɑ:st ˈjɪə(r)]
há um ano	a year ago	[ə jɪərəˈgəʊ]
em um ano	in a year	[ɪn ə ˈjɪə(r)]
dentro de dois anos	in two years	[ɪn ˌtu: ˈjɪəz]
todo o ano	the whole year	[ðə ˌhəʊl ˈjɪə(r)]
um ano inteiro	all year long	[ɔ:l ˈjɪə ˌlɒŋ]
cada ano	every year	[ˌevrɪ ˈjɪə(r)]
anual (adj)	annual	[ˈænjʊəl]
anualmente	annually	[ˈænjʊəlɪ]
quatro vezes por ano	4 times a year	[fɔ: taɪmz əˌjɪər]
data (~ de hoje)	date	[deɪt]
data (ex. ~ de nascimento)	date	[deɪt]
calendário (m)	calendar	[ˈkælɪndə(r)]
meio ano	half a year	[ˌhɑ:f ə ˈjɪə(r)]
seis meses	six months	[sɪks mʌnθs]
estação (f)	season	[ˈsi:zən]

22. Unidades de medida

peso (m)	weight	[weɪt]
comprimento (m)	length	[leŋθ]
largura (f)	width	[wɪdθ]
altura (f)	height	[haɪt]
profundidade (f)	depth	[depθ]
volume (m)	volume	['vɒlju:m]
área (f)	area	['eərɪə]
grama (m)	gram	[græm]
miligrama (m)	milligram	['mɪlɪgræm]
quilograma (m)	kilogram	['kɪlə,græm]
tonelada (f)	ton	[tʌn]
libra (453,6 gramas)	pound	[paʊnd]
onça (f)	ounce	[aʊns]
metro (m)	meter	['mi:tə(r)]
milímetro (m)	millimeter	['mɪlɪ,mi:tə(r)]
centímetro (m)	centimeter	['sentɪ,mi:tə(r)]
quilômetro (m)	kilometer	['kɪlə,mi:tə(r)]
milha (f)	mile	[maɪl]
polegada (f)	inch	[ɪntʃ]
pé (304,74 mm)	foot	[fʊt]
jarda (914,383 mm)	yard	[jɑ:d]
metro (m) quadrado	square meter	[skweə 'mi:tə(r)]
hectare (m)	hectare	['hekteə(r)]
litro (m)	liter	['li:tə(r)]
grau (m)	degree	[dɪ'gri:]
volt (m)	volt	[vəʊlt]
ampère (m)	ampere	['æmpeə(r)]
cavalo (m) de potência	horsepower	['hɔ:s,paʊə(r)]
quantidade (f)	quantity	['kwɒntɪtɪ]
um pouco de ...	a little bit of ...	[ə 'lɪtəl bɪt əv]
metade (f)	half	[hɑ:f]
dúzia (f)	dozen	['dʌzən]
peça (f)	piece	[pi:s]
tamanho (m), dimensão (f)	size	[saɪz]
escala (f)	scale	[skeɪl]
mínimo (adj)	minimal	['mɪnɪməl]
menor, mais pequeno	the smallest	[ðə 'smɔ:ləst]
médio (adj)	medium	['mi:dɪəm]
máximo (adj)	maximal	['mæksɪməl]
maior, mais grande	the largest	[ðə 'lɑ:dʒɪst]

23. Recipientes

pote (m) de vidro	jar	[dʒɑ:(r)]
lata (~ de cerveja)	can	[kæn]

27

| balde (m) | bucket | ['bʌkɪt] |
| barril (m) | barrel | ['bærəl] |

bacia (~ de plástico)	basin	['beɪsən]
tanque (m)	tank	[tæŋk]
cantil (m) de bolso	hip flask	[hɪp flɑːsk]
galão (m) de gasolina	jerrycan	['dʒerɪkæn]
cisterna (f)	tank	[tæŋk]

caneca (f)	mug	[mʌg]
xícara (f)	cup	[kʌp]
pires (m)	saucer	['sɔːsə(r)]
copo (m)	glass	[glɑːs]
taça (f) de vinho	glass	[glɑːs]
panela (f)	stock pot	[stɒk pɒt]

| garrafa (f) | bottle | ['bɒtəl] |
| gargalo (m) | neck | [nek] |

jarra (f)	carafe	[kə'ræf]
jarro (m)	pitcher	['pɪtʃə(r)]
recipiente (m)	vessel	['vesəl]
pote (m)	pot	[pɒt]
vaso (m)	vase	[veɪz]

frasco (~ de perfume)	bottle	['bɒtəl]
frasquinho (m)	vial, small bottle	['vaɪəl], [smɔːl 'bɒtəl]
tubo (m)	tube	[tjuːb]

saco (ex. ~ de açúcar)	sack	[sæk]
sacola (~ plastica)	bag	[bæg]
maço (de cigarros, etc.)	pack	[pæk]

caixa (~ de sapatos, etc.)	box	[bɒks]
caixote (~ de madeira)	box	[bɒks]
cesto (m)	basket	['bɑːskɪt]

O SER HUMANO

O ser humano. O corpo

24. Cabeça

cabeça (f)	head	[hed]
rosto, cara (f)	face	[feɪs]
nariz (m)	nose	[nəʊz]
boca (f)	mouth	[maʊθ]
olho (m)	eye	[aɪ]
olhos (m pl)	eyes	[aɪz]
pupila (f)	pupil	['pju:pəl]
sobrancelha (f)	eyebrow	['aɪbraʊ]
cílio (f)	eyelash	['aɪlæʃ]
pálpebra (f)	eyelid	['aɪlɪd]
língua (f)	tongue	[tʌŋ]
dente (m)	tooth	[tu:θ]
lábios (m pl)	lips	[lɪps]
maçãs (f pl) do rosto	cheekbones	['ʧi:kbəʊnz]
gengiva (f)	gum	[gʌm]
palato (m)	palate	['pælət]
narinas (f pl)	nostrils	['nɒstrɪlz]
queixo (m)	chin	[ʧɪn]
mandíbula (f)	jaw	[dʒɔ:]
bochecha (f)	cheek	[ʧi:k]
testa (f)	forehead	['fɔ:hed]
têmpora (f)	temple	['tempəl]
orelha (f)	ear	[ɪə(r)]
costas (f pl) da cabeça	back of the head	['bæk əv ðə ˌhed]
pescoço (m)	neck	[nek]
garganta (f)	throat	[θrəʊt]
cabelo (m)	hair	[heə(r)]
penteado (m)	hairstyle	['heəstaɪl]
corte (m) de cabelo	haircut	['heəkʌt]
peruca (f)	wig	[wɪg]
bigode (m)	mustache	['mʌstæʃ]
barba (f)	beard	[bɪəd]
ter (~ barba, etc.)	to have (vt)	[tə hæv]
trança (f)	braid	[breɪd]
suíças (f pl)	sideburns	['saɪdbɜ:nz]
ruivo (adj)	red-haired	['red ˌheəd]
grisalho (adj)	gray	[greɪ]

| careca (adj) | bald | [bɔːld] |
| calva (f) | bald patch | [bɔːld pætʃ] |

| rabo-de-cavalo (m) | ponytail | ['pəʊnɪteɪl] |
| franja (f) | bangs | [bæŋz] |

25. Corpo humano

| mão (f) | hand | [hænd] |
| braço (m) | arm | [ɑːm] |

dedo (m)	finger	['fɪŋɡə(r)]
polegar (m)	thumb	[θʌm]
dedo (m) mindinho	little finger	[ˌlɪtəl 'fɪŋɡə(r)]
unha (f)	nail	[neɪl]

punho (m)	fist	[fɪst]
palma (f)	palm	[pɑːm]
pulso (m)	wrist	[rɪst]
antebraço (m)	forearm	['fɔːrˌɑːm]
cotovelo (m)	elbow	['elbəʊ]
ombro (m)	shoulder	['ʃəʊldə(r)]

perna (f)	leg	[leg]
pé (m)	foot	[fʊt]
joelho (m)	knee	[niː]
panturrilha (f)	calf	[kɑːf]
quadril (m)	hip	[hɪp]
calcanhar (m)	heel	[hiːl]

corpo (m)	body	['bɒdɪ]
barriga (f), ventre (m)	stomach	['stʌmək]
peito (m)	chest	[tʃest]
seio (m)	breast	[brest]
lado (m)	flank	[flæŋk]
costas (dorso)	back	[bæk]
região (f) lombar	lower back	['ləʊə bæk]
cintura (f)	waist	[weɪst]

umbigo (m)	navel, belly button	['neɪvəl], ['belɪ 'bʌtən]
nádegas (f pl)	buttocks	['bʌtəks]
traseiro (m)	bottom	['bɒtəm]

sinal (m), pinta (f)	beauty mark	['bjuːtɪ mɑːk]
tatuagem (f)	tattoo	[tə'tuː]
cicatriz (f)	scar	[skɑː(r)]

Vestuário & Acessórios

26. Roupa exterior. Casacos

roupa (f)	clothes	[kləʊðz]
roupa (f) exterior	outerwear	['aʊtəweə(r)]
roupa (f) de inverno	winter clothing	['wɪntə 'kləʊðɪŋ]

sobretudo (m)	coat, overcoat	[kəʊt], ['əʊvəkəʊt]
casaco (m) de pele	fur coat	['fɜː‚kəʊt]
jaqueta (f) de pele	fur jacket	['fɜː 'dʒækɪt]
casaco (m) acolchoado	down coat	['daʊn ‚kəʊt]

casaco (m), jaqueta (f)	jacket	['dʒækɪt]
impermeável (m)	raincoat	['reɪnkəʊt]
a prova d'água	waterproof	['wɔːtəpruːf]

27. Vestuário de homem & mulher

camisa (f)	shirt	[ʃɜːt]
calça (f)	pants	[pænts]
jeans (m)	jeans	[dʒiːnz]
paletó, terno (m)	jacket	['dʒækɪt]
terno (m)	suit	[suːt]

vestido (ex. ~ de noiva)	dress	[dres]
saia (f)	skirt	[skɜːt]
blusa (f)	blouse	[blaʊz]
casaco (m) de malha	knitted jacket	['nɪtɪd 'dʒækɪt]
casaco, blazer (m)	jacket	['dʒækɪt]

camiseta (f)	T-shirt	['tiː‚ʃɜːt]
short (m)	shorts	[ʃɔːts]
training (m)	tracksuit	['træksuːt]
roupão (m) de banho	bathrobe	['bɑːθrəʊb]
pijama (m)	pajamas	[pə'dʒɑːməz]

| suéter (m) | sweater | ['swetə(r)] |
| pulôver (m) | pullover | ['pʊl‚əʊvə(r)] |

colete (m)	vest	[vest]
fraque (m)	tailcoat	[‚teɪl'kəʊt]
smoking (m)	tuxedo	[tʌk'siːdəʊ]

uniforme (m)	uniform	['juːnɪfɔːm]
roupa (f) de trabalho	workwear	[wɜːkweə(r)]
macacão (m)	overalls	['əʊvərɔːlz]
jaleco (m), bata (f)	coat	[kəʊt]

28. Vestuário. Roupa interior

roupa (f) íntima	underwear	['ʌndəweə(r)]
camiseta (f)	undershirt	['ʌndəʃɜːt]
meias (f pl)	socks	[sɒks]

camisola (f)	nightdress	['naɪtdres]
sutiã (m)	bra	[brɑː]
meias longas (f pl)	knee highs	['niː ˌhaɪs]
meias-calças (f pl)	pantyhose	['pæntɪhəʊz]
meias (~ de nylon)	stockings	['stɒkɪŋz]
maiô (m)	bathing suit	['beɪðɪŋ suːt]

29. Adereços de cabeça

chapéu (m), touca (f)	hat	[hæt]
chapéu (m) de feltro	fedora	[fɪ'dɔːrə]
boné (m) de beisebol	baseball cap	['beɪsbɔːl kæp]
boina (~ italiana)	flatcap	[flæt kæp]

boina (ex. ~ basca)	beret	['bereɪ]
capuz (m)	hood	[hʊd]
chapéu panamá (m)	panama	['pænəmɑː]
touca (f)	knit cap, knitted hat	[nɪt kæp], ['nɪtɪdˌhæt]

lenço (m)	headscarf	['hedskɑːf]
chapéu (m) feminino	women's hat	['wɪmɪns hæt]

capacete (m) de proteção	hard hat	[hɑːd hæt]
bibico (m)	garrison cap	['gærɪsən kæp]
capacete (m)	helmet	['helmɪt]

chapéu-coco (m)	derby	['dɜːbɪ]
cartola (f)	top hat	[tɒp hæt]

30. Calçado

calçado (m)	footwear	['fʊtweə(r)]
botinas (f pl), sapatos (m pl)	shoes	[ʃuːz]
sapatos (de salto alto, etc.)	shoes	[ʃuːz]
botas (f pl)	boots	[buːts]
pantufas (f pl)	slippers	['slɪpəz]

tênis (~ Nike, etc.)	tennis shoes	['tenɪsʃuːz]
tênis (~ Converse)	sneakers	['sniːkəz]
sandálias (f pl)	sandals	['sændəlz]

sapateiro (m)	cobbler, shoe repairer	['kɒblə(r)], [ʃuː rɪ'peərə(r)]
salto (m)	heel	[hiːl]
par (m)	pair	[peə(r)]
cadarço (m)	shoestring	['ʃuːstrɪŋ]

amarrar os cadarços	to lace (vt)	[tə leıs]
calçadeira (f)	shoehorn	['ʃuːhɔːn]
graxa (f) para calçado	shoe polish	[ʃuː ˈpɒlıʃ]

31. Acessórios pessoais

luva (f)	gloves	[glʌvz]
mitenes (f pl)	mittens	['mıtənz]
cachecol (m)	scarf	[skɑːf]

óculos (m pl)	glasses	[glɑːsız]
armação (f)	frame	[freım]
guarda-chuva (m)	umbrella	[ʌm'brelə]
bengala (f)	walking stick	['wɔːkıŋ stık]
escova (f) para o cabelo	hairbrush	['heəbrʌʃ]
leque (m)	fan	[fæn]

gravata (f)	tie	[taı]
gravata-borboleta (f)	bow tie	[bəʊ taı]
suspensórios (m pl)	suspenders	[sə'spendəz]
lenço (m)	handkerchief	['hæŋkətʃıf]

pente (m)	comb	[kəʊm]
fivela (f) para cabelo	barrette	[bə'ret]
grampo (m)	hairpin	['heəpın]
fivela (f)	buckle	['bʌkəl]

| cinto (m) | belt | [belt] |
| alça (f) de ombro | shoulder strap | ['ʃəʊldə stræp] |

bolsa (f)	bag	[bæg]
bolsa (feminina)	purse	[pɜːs]
mochila (f)	backpack	['bækpæk]

32. Vestuário. Diversos

moda (f)	fashion	['fæʃən]
na moda (adj)	in vogue	[ın vəʊg]
estilista (m)	fashion designer	['fæʃən dı'zaınə(r)]

colarinho (m)	collar	['kɒlə(r)]
bolso (m)	pocket	['pɒkıt]
de bolso	pocket	['pɒkıt]
manga (f)	sleeve	[sliːv]
ganchinho (m)	hanging loop	['hæŋıŋ luːp]
bragueta (f)	fly	[flaı]

zíper (m)	zipper	['zıpə(r)]
colchete (m)	fastener	['fɑːsənə(r)]
botão (m)	button	['bʌtən]
botoeira (casa de botão)	buttonhole	['bʌtənhəʊl]
soltar-se (vr)	to come off	[tə kʌm ɒf]

costurar (vi)	to sew (vi, vt)	[tə səʊ]
bordar (vt)	to embroider (vi, vt)	[tə ɪm'brɔɪdə(r)]
bordado (m)	embroidery	[ɪm'brɔɪdərɪ]
agulha (f)	sewing needle	['səʊɪŋ 'ni:dəl]
fio, linha (f)	thread	[θred]
costura (f)	seam	[si:m]

sujar-se (vr)	to get dirty (vi)	[tə get 'dɜ:tɪ]
mancha (f)	stain	[steɪn]
amarrotar-se (vr)	to crease, crumple (vi)	[tə kri:s], ['krʌmpəl]
rasgar (vt)	to tear, to rip (vt)	[tə teər], [tə rɪp]
traça (f)	clothes moth	[kləʊðz mɒθ]

33. Cuidados pessoais. Cosméticos

pasta (f) de dente	toothpaste	['tu:θpeɪst]
escova (f) de dente	toothbrush	['tu:θbrʌʃ]
escovar os dentes	to brush one's teeth	[tə brʌʃ wʌns 'ti:θ]

gilete (f)	razor	['reɪzə(r)]
creme (m) de barbear	shaving cream	['ʃeɪvɪŋ ˌkri:m]
barbear-se (vr)	to shave (vi)	[tə ʃeɪv]

| sabonete (m) | soap | [səʊp] |
| xampu (m) | shampoo | [ʃæm'pu:] |

tesoura (f)	scissors	['sɪzəz]
lixa (f) de unhas	nail file	['neɪl ˌfaɪl]
corta-unhas (m)	nail clippers	[neɪl 'klɪpərz]
pinça (f)	tweezers	['twi:zəz]

cosméticos (m pl)	cosmetics	[kɒz'metɪks]
máscara (f)	facial mask	['feɪʃəl mɑ:sk]
manicure (f)	manicure	['mænɪˌkjʊə(r)]
fazer as unhas	to have a manicure	[tə hævə 'mænɪˌkjʊə]
pedicure (f)	pedicure	['pedɪˌkjʊə(r)]

bolsa (f) de maquiagem	make-up bag	['meɪk ʌp ˌbæg]
pó (de arroz)	face powder	[feɪs 'paʊdə(r)]
pó (m) compacto	powder compact	['paʊdə 'kɒmpækt]
blush (m)	blusher	['blʌʃə(r)]

perfume (m)	perfume	['pɜ:fju:m]
água-de-colônia (f)	toilet water	['tɔɪlɪt 'wɔ:tə(r)]
loção (f)	lotion	['ləʊʃən]
colônia (f)	cologne	[kə'ləʊn]

sombra (f) de olhos	eyeshadow	['aɪʃædəʊ]
delineador (m)	eyeliner	['aɪˌlaɪnə(r)]
máscara (f), rímel (m)	mascara	[mæs'kɑ:rə]

batom (m)	lipstick	['lɪpstɪk]
esmalte (m)	nail polish	['neɪl ˌpɒlɪʃ]
laquê (m), spray fixador (m)	hair spray	['heəspreɪ]

desodorante (m)	deodorant	[diː'əʊdərənt]
creme (m)	cream	[kriːm]
creme (m) de rosto	face cream	['feɪs ˌkriːm]
creme (m) de mãos	hand cream	['hænd͵kriːm]
creme (m) antirrugas	anti-wrinkle cream	['æntɪ 'rɪŋkəl kriːm]
creme (m) de dia	day cream	['deɪ ˌkriːm]
creme (m) de noite	night cream	['naɪt ˌkriːm]

absorvente (m) interno	tampon	['tæmpɒn]
papel (m) higiênico	toilet paper	['tɔɪlɪt 'peɪpə(r)]
secador (m) de cabelo	hair dryer	['heə͵draɪə(r)]

34. Relógios de pulso. Relógios

relógio (m) de pulso	watch	[wɒtʃ]
mostrador (m)	dial	['daɪəl]
ponteiro (m)	hand	[hænd]
bracelete (em aço)	bracelet	['breɪslɪt]
bracelete (em couro)	watch strap	[wɒtʃ stræp]

pilha (f)	battery	['bætərɪ]
acabar (vi)	to be dead	[tə bi ded]
trocar a pilha	to change a battery	[tə tʃeɪndʒ ə 'bætərɪ]
estar adiantado	to run fast	[tə rʌn fɑːst]
estar atrasado	to run slow	[tə rʌn sləʊ]

relógio (m) de parede	wall clock	['wɔːl ˌklɒk]
ampulheta (f)	hourglass	['aʊəglɑːs]
relógio (m) de sol	sundial	['sʌndaɪəl]
despertador (m)	alarm clock	[ə'lɑːm klɒk]
relojoeiro (m)	watchmaker	['wɒtʃ͵meɪkə(r)]
reparar (vt)	to repair (vt)	[tə rɪ'peə(r)]

35

Alimentação. Nutrição

35. Comida

carne (f)	meat	[miːt]
galinha (f)	chicken	['tʃɪkɪn]
frango (m)	Rock Cornish hen	[rɒk 'kɔːnɪʃ hen]
pato (m)	duck	[dʌk]
ganso (m)	goose	[guːs]
caça (f)	game	[geɪm]
peru (m)	turkey	['tɜːkɪ]
carne (f) de porco	pork	[pɔːk]
carne (f) de vitela	veal	[viːl]
carne (f) de carneiro	lamb	[læm]
carne (f) de vaca	beef	[biːf]
carne (f) de coelho	rabbit	['ræbɪt]
linguiça (f), salsichão (m)	sausage	['sɒsɪdʒ]
salsicha (f)	vienna sausage	[vɪ'enə 'sɒsɪdʒ]
bacon (m)	bacon	['beɪkən]
presunto (m)	ham	[hæm]
pernil (m) de porco	gammon	['gæmən]
patê (m)	pâté	['pæteɪ]
fígado (m)	liver	['lɪvə(r)]
guisado (m)	hamburger	['hæmbɜːgə(r)]
língua (f)	tongue	[tʌŋ]
ovo (m)	egg	[eg]
ovos (m pl)	eggs	[egz]
clara (f) de ovo	egg white	['eg ˌwaɪt]
gema (f) de ovo	egg yolk	['eg ˌjəʊk]
peixe (m)	fish	[fɪʃ]
mariscos (m pl)	seafood	['siːfuːd]
crustáceos (m pl)	crustaceans	[krʌ'steɪʃənz]
caviar (m)	caviar	['kævɪɑː(r)]
caranguejo (m)	crab	[kræb]
camarão (m)	shrimp	[ʃrɪmp]
ostra (f)	oyster	['ɔɪstə(r)]
lagosta (f)	spiny lobster	['spaɪnɪ 'lɒbstə(r)]
polvo (m)	octopus	['ɒktəpəs]
lula (f)	squid	[skwɪd]
esturjão (m)	sturgeon	['stɜːdʒən]
salmão (m)	salmon	['sæmən]
halibute (m)	halibut	['hælɪbət]
bacalhau (m)	cod	[kɒd]

cavala, sarda (f)	mackerel	['mækərəl]
atum (m)	tuna	['tu:nə]
enguia (f)	eel	[i:l]

truta (f)	trout	[traʊt]
sardinha (f)	sardine	[sɑ:'di:n]
lúcio (m)	pike	[paɪk]
arenque (m)	herring	['herɪŋ]

pão (m)	bread	[bred]
queijo (m)	cheese	[ʧi:z]
açúcar (m)	sugar	['ʃʊɡə(r)]
sal (m)	salt	[sɔ:lt]

arroz (m)	rice	[raɪs]
massas (f pl)	pasta	['pæstə]
talharim, miojo (m)	noodles	['nu:dəlz]

manteiga (f)	butter	['bʌtə(r)]
óleo (m) vegetal	vegetable oil	['vedʒtəbəl ɔɪl]
óleo (m) de girassol	sunflower oil	['sʌn,flaʊə ɔɪl]
margarina (f)	margarine	[,mɑ:dʒə'ri:n]

azeitonas (f pl)	olives	['ɒlɪvz]
azeite (m)	olive oil	['ɒlɪv ,ɔɪl]

leite (m)	milk	[mɪlk]
leite (m) condensado	condensed milk	[kən'denst mɪlk]
iogurte (m)	yogurt	['jəʊɡərt]
creme (m) azedo	sour cream	['saʊə ,kri:m]
creme (m) de leite	cream	[kri:m]

maionese (f)	mayonnaise	[,meɪə'neɪz]
creme (m)	buttercream	['bʌtə,kri:m]

grãos (m pl) de cereais	groats	[ɡrəʊts]
farinha (f)	flour	['flaʊə(r)]
enlatados (m pl)	canned food	[kænd fu:d]

flocos (m pl) de milho	cornflakes	['kɔ:nfleɪks]
mel (m)	honey	['hʌnɪ]
geleia (m)	jam	[dʒæm]
chiclete (m)	chewing gum	['ʧu:ɪŋ ,ɡʌm]

36. Bebidas

água (f)	water	['wɔ:tə(r)]
água (f) potável	drinking water	['drɪŋkɪŋ 'wɔ:tə(r)]
água (f) mineral	mineral water	['mɪnərəl 'wɔ:tə(r)]

sem gás (adj)	still	[stɪl]
gaseificada (adj)	carbonated	['kɑ:bəneɪtɪd]
com gás	sparkling	['spɑ:klɪŋ]
gelo (m)	ice	[aɪs]

com gelo	with ice	[wɪð aɪs]
não alcoólico (adj)	non-alcoholic	[nɒn ˌælkə'hɒlɪk]
refrigerante (m)	soft drink	[sɒft drɪŋk]
refresco (m)	refreshing drink	[rɪ'freʃɪŋ drɪŋk]
limonada (f)	lemonade	[ˌlemə'neɪd]

bebidas (f pl) alcoólicas	liquors	['lɪkəz]
vinho (m)	wine	[waɪn]
vinho (m) branco	white wine	['waɪt ˌwaɪn]
vinho (m) tinto	red wine	['red ˌwaɪn]

licor (m)	liqueur	[lɪ'kjʊə(r)]
champanhe (m)	champagne	[ʃæm'peɪn]
vermute (m)	vermouth	[vɜ:'mu:θ]

uísque (m)	whiskey	['wɪskɪ]
vodca (f)	vodka	['vɒdkə]
gim (m)	gin	[dʒɪn]
conhaque (m)	cognac	['kɒnjæk]
rum (m)	rum	[rʌm]

café (m)	coffee	['kɒfɪ]
café (m) preto	black coffee	[blæk 'kɒfɪ]
café (m) com leite	coffee with milk	['kɒfɪ wɪð mɪlk]
cappuccino (m)	cappuccino	[ˌkæpʊ'tʃi:nəʊ]
café (m) solúvel	instant coffee	['ɪnstənt 'kɒfɪ]

leite (m)	milk	[mɪlk]
coquetel (m)	cocktail	['kɒkteɪl]
batida (f), milkshake (m)	milkshake	['mɪlk ʃeɪk]

suco (m)	juice	[dʒu:s]
suco (m) de tomate	tomato juice	[tə'meɪtəʊ dʒu:s]
suco (m) de laranja	orange juice	['ɒrɪndʒ ˌdʒu:s]
suco (m) fresco	freshly squeezed juice	['freʃlɪ skwi:zd dʒu:s]

cerveja (f)	beer	[bɪə(r)]
cerveja (f) clara	light beer	[ˌlaɪt 'bɪə(r)]
cerveja (f) preta	dark beer	['dɑ:k ˌbɪə(r)]

chá (m)	tea	[ti:]
chá (m) preto	black tea	[blæk ti:]
chá (m) verde	green tea	['gri:n ˌti:]

37. Vegetais

| vegetais (m pl) | vegetables | ['vedʒtəbəlz] |
| verdura (f) | greens | [gri:nz] |

tomate (m)	tomato	[tə'meɪtəʊ]
pepino (m)	cucumber	['kju:kʌmbə(r)]
cenoura (f)	carrot	['kærət]
batata (f)	potato	[pə'teɪtəʊ]
cebola (f)	onion	['ʌnjən]

alho (m)	garlic	['gɑːlɪk]
couve (f)	cabbage	['kæbɪdʒ]
couve-flor (f)	cauliflower	['kɒlɪˌflaʊə(r)]
couve-de-bruxelas (f)	Brussels sprouts	['brʌsəlz ˌspraʊts]
brócolis (m pl)	broccoli	['brɒkəlɪ]

beterraba (f)	beet	[biːt]
berinjela (f)	eggplant	['egplɑːnt]
abobrinha (f)	zucchini	[zuːˈkiːnɪ]
abóbora (f)	pumpkin	['pʌmpkɪn]
nabo (m)	turnip	['tɜːnɪp]

salsa (f)	parsley	['pɑːslɪ]
endro, aneto (m)	dill	[dɪl]
alface (f)	lettuce	['letɪs]
aipo (m)	celery	['selərɪ]
aspargo (m)	asparagus	[ə'spærəgəs]
espinafre (m)	spinach	['spɪnɪdʒ]

ervilha (f)	pea	[piː]
feijão (~ soja, etc.)	beans	[biːnz]
milho (m)	corn	[kɔːn]
feijão (m) roxo	kidney bean	['kɪdnɪ biːn]

pimentão (m)	bell pepper	[bel 'pepə(r)]
rabanete (m)	radish	['rædɪʃ]
alcachofra (f)	artichoke	['ɑːtɪʃəʊk]

38. Frutos. Nozes

fruta (f)	fruit	[fruːt]
maçã (f)	apple	['æpəl]
pera (f)	pear	[peə(r)]
limão (m)	lemon	['lemən]
laranja (f)	orange	['ɒrɪndʒ]
morango (m)	strawberry	['strɔːbərɪ]

tangerina (f)	mandarin	['mændərɪn]
ameixa (f)	plum	[plʌm]
pêssego (m)	peach	[piːtʃ]
damasco (m)	apricot	['eɪprɪkɒt]
framboesa (f)	raspberry	['rɑːzbərɪ]
abacaxi (m)	pineapple	['paɪnˌæpəl]

banana (f)	banana	[bə'nɑːnə]
melancia (f)	watermelon	['wɔːtəˌmelən]
uva (f)	grape	[greɪp]
ginja (f)	sour cherry	['saʊə 'tʃerɪ]
cereja (f)	sweet cherry	[swiːt 'tʃerɪ]
melão (m)	melon	['melən]

toranja (f)	grapefruit	['greɪpfruːt]
abacate (m)	avocado	[ˌævəˈkɑːdəʊ]
mamão (m)	papaya	[pə'paɪə]

manga (f)	mango	['mæŋgəʊ]
romã (f)	pomegranate	['pɒmɪˌgrænɪt]

groselha (f) vermelha	redcurrant	['redkʌrənt]
groselha (f) negra	blackcurrant	[ˌblæk'kʌrənt]
groselha (f) espinhosa	gooseberry	['gʊzbərɪ]
mirtilo (m)	bilberry	['bɪlbərɪ]
amora (f) silvestre	blackberry	['blækbərɪ]

passa (f)	raisin	['reɪzən]
figo (m)	fig	[fɪg]
tâmara (f)	date	[deɪt]

amendoim (m)	peanut	['piːnʌt]
amêndoa (f)	almond	['ɑːmənd]
noz (f)	walnut	['wɔːlnʌt]
avelã (f)	hazelnut	['heɪzəlnʌt]
coco (m)	coconut	['kəʊkənʌt]
pistaches (m pl)	pistachios	[pɪ'stɑːʃɪəʊs]

39. Pão. Bolaria

pastelaria (f)	confectionery	[kən'fekʃənərɪ]
pão (m)	bread	[bred]
biscoito (m), bolacha (f)	cookies	['kʊkɪz]

chocolate (m)	chocolate	['tʃɒkələt]
de chocolate	chocolate	['tʃɒkələt]
bala (f)	candy	['kændɪ]
doce (bolo pequeno)	cake	[keɪk]
bolo (m) de aniversário	cake	[keɪk]

torta (f)	pie	[paɪ]
recheio (m)	filling	['fɪlɪŋ]

geleia (m)	jam	[dʒæm]
marmelada (f)	marmalade	['mɑːməleɪd]
wafers (m pl)	wafers	['weɪfəz]
sorvete (m)	ice-cream	[aɪs kriːm]
pudim (m)	pudding	['pʊdɪŋ]

40. Pratos cozinhados

prato (m)	course, dish	[kɔːs], [dɪʃ]
cozinha (~ portuguesa)	cuisine	[kwɪ'ziːn]
receita (f)	recipe	['resɪpɪ]
porção (f)	portion	['pɔːʃən]

salada (f)	salad	['sæləd]
sopa (f)	soup	[suːp]
caldo (m)	clear soup	[ˌklɪə 'suːp]
sanduíche (m)	sandwich	['sænwɪdʒ]

ovos (m pl) fritos	fried eggs	['fraɪd ˌegz]
hambúrguer (m)	hamburger	['hæmbɜːgə(r)]
bife (m)	steak	[steɪk]

acompanhamento (m)	side dish	[saɪd dɪʃ]
espaguete (m)	spaghetti	[spə'getɪ]
purê (m) de batata	mashed potatoes	[mæʃt pə'teɪtəʊz]
pizza (f)	pizza	['piːtsə]
mingau (m)	porridge	['pɒrɪdʒ]
omelete (f)	omelet	['ɒmlɪt]

fervido (adj)	boiled	['bɔɪld]
defumado (adj)	smoked	[sməʊkt]
frito (adj)	fried	[fraɪd]
seco (adj)	dried	[draɪd]
congelado (adj)	frozen	['frəʊzən]
em conserva (adj)	pickled	['pɪkəld]

doce (adj)	sweet	[swiːt]
salgado (adj)	salty	['sɔːltɪ]
frio (adj)	cold	[kəʊld]
quente (adj)	hot	[hɒt]
amargo (adj)	bitter	['bɪtə(r)]
gostoso (adj)	tasty	['teɪstɪ]

cozinhar em água fervente	to cook in boiling water	[tə kʊk in 'bɔɪlɪŋ 'wɔːtə]
preparar (vt)	to cook (vt)	[tə kʊk]
fritar (vt)	to fry (vt)	[tə fraɪ]
aquecer (vt)	to heat up	[tə hiːt ʌp]

salgar (vt)	to salt (vt)	[tə sɔːlt]
apimentar (vt)	to pepper (vt)	[tə 'pepə(r)]
ralar (vt)	to grate (vt)	[tə greɪt]
casca (f)	peel	[piːl]
descascar (vt)	to peel (vt)	[tə piːl]

41. Especiarias

sal (m)	salt	[sɔːlt]
salgado (adj)	salty	['sɔːltɪ]
salgar (vt)	to salt (vt)	[tə sɔːlt]

pimenta-do-reino (f)	black pepper	[blæk 'pepə(r)]
pimenta (f) vermelha	red pepper	[red 'pepə(r)]
mostarda (f)	mustard	['mʌstəd]
raiz-forte (f)	horseradish	['hɔːsˌrædɪʃ]

condimento (m)	condiment	['kɒndɪmənt]
especiaria (f)	spice	[spaɪs]
molho (~ inglês)	sauce	[sɔːs]
vinagre (m)	vinegar	['vɪnɪgə(r)]

| anis estrelado (m) | anise | ['ænɪs] |
| manjericão (m) | basil | ['beɪzəl] |

cravo (m)	cloves	[kləʊvz]
gengibre (m)	ginger	['dʒɪndʒə(r)]
coentro (m)	coriander	[ˌkɒrɪ'ændə(r)]
canela (f)	cinnamon	['sɪnəmən]

gergelim (m)	sesame	['sesəmɪ]
folha (f) de louro	bay leaf	[beɪ li:f]
páprica (f)	paprika	['pæprɪkə]
cominho (m)	caraway	['kærəweɪ]
açafrão (m)	saffron	['sæfrən]

42. Refeições

comida (f)	food	[fu:d]
comer (vt)	to eat (vi, vt)	[tə i:t]

café (m) da manhã	breakfast	['brekfəst]
tomar café da manhã	to have breakfast	[tə hæv 'brekfəst]
almoço (m)	lunch	[lʌntʃ]
almoçar (vi)	to have lunch	[tə hæv lʌntʃ]
jantar (m)	dinner	['dɪnə(r)]
jantar (vi)	to have dinner	[tə hæv 'dɪnə(r)]

apetite (m)	appetite	['æpɪtaɪt]
Bom apetite!	Enjoy your meal!	[ɪn'dʒɔɪ jɔ: ˌmi:l]

abrir (~ uma lata, etc.)	to open (vt)	[tə 'əʊpən]
derramar (~ líquido)	to spill (vt)	[tə spɪl]
derramar-se (vr)	to spill out (vi)	[tə spɪl aʊt]

ferver (vi)	to boil (vi)	[tə bɔɪl]
ferver (vt)	to boil (vt)	[tə bɔɪl]
fervido (adj)	boiled	['bɔɪld]

esfriar (vt)	to chill, cool down (vt)	[tə tʃɪl], [ku:l daʊn]
esfriar-se (vr)	to chill (vi)	[tə tʃɪl]

sabor, gosto (m)	taste, flavor	[teɪst], ['fleɪvə(r)]
fim (m) de boca	aftertaste	['ɑ:ftəteɪst]

emagrecer (vi)	to slim down	[tə slɪm daʊn]
dieta (f)	diet	['daɪət]
vitamina (f)	vitamin	['vaɪtəmɪn]
caloria (f)	calorie	['kælərɪ]

vegetariano (m)	vegetarian	[ˌvedʒɪ'teərɪən]
vegetariano (adj)	vegetarian	[ˌvedʒɪ'teərɪən]

gorduras (f pl)	fats	[fæts]
proteínas (f pl)	proteins	['prəʊti:nz]
carboidratos (m pl)	carbohydrates	[ˌkɑ:bəʊ'haɪdreɪts]
fatia (~ de limão, etc.)	slice	[slaɪs]
pedaço (~ de bolo)	piece	[pi:s]
migalha (f), farelo (m)	crumb	[krʌm]

43. Por a mesa

colher (f)	spoon	[spuːn]
faca (f)	knife	[naɪf]
garfo (m)	fork	[fɔːk]
xícara (f)	cup	[kʌp]
prato (m)	plate	[pleɪt]
pires (m)	saucer	['sɔːsə(r)]
guardanapo (m)	napkin	['næpkɪn]
palito (m)	toothpick	['tuːθpɪk]

44. Restaurante

restaurante (m)	restaurant	['restrɒnt]
cafeteria (f)	coffee house	['kɒfɪ ˌhaʊs]
bar (m), cervejaria (f)	pub, bar	[pʌb], [bɑː(r)]
salão (m) de chá	tearoom	['tiːrʊm]
garçom (m)	waiter	['weɪtə(r)]
garçonete (f)	waitress	['weɪtrɪs]
barman (m)	bartender	['bɑːrˌtendə(r)]
cardápio (m)	menu	['menjuː]
lista (f) de vinhos	wine list	['waɪn lɪst]
reservar uma mesa	to book a table	[tə bʊk ə 'teɪbəl]
prato (m)	course, dish	[kɔːs], [dɪʃ]
pedir (vt)	to order (vi, vt)	[tə 'ɔːdə(r)]
fazer o pedido	to make an order	[tə meɪk ən 'ɔːdə(r)]
aperitivo (m)	aperitif	[əperə'tiːf]
entrada (f)	appetizer	['æpɪtaɪzə(r)]
sobremesa (f)	dessert	[dɪ'zɜːt]
conta (f)	check	[tʃek]
pagar a conta	to pay the check	[tə peɪ ðə tʃek]
dar o troco	to give change	[tə gɪv 'tʃeɪndʒ]
gorjeta (f)	tip	[tɪp]

Família, parentes e amigos

45. Informação pessoal. Formulários

nome (m)	name, first name	[neɪm], ['fɜ:st͵neɪm]
sobrenome (m)	surname, last name	['sɜːneɪm], [lɑːst neɪm]
data (f) de nascimento	date of birth	[deɪt əv bɜːθ]
local (m) de nascimento	place of birth	[͵pleɪs əv 'bɜːθ]

nacionalidade (f)	nationality	[͵næʃə'næləti]
lugar (m) de residência	place of residence	[͵pleɪs əv 'rezɪdəns]
país (m)	country	['kʌntrɪ]
profissão (f)	profession	[prə'feʃən]

sexo (m)	gender, sex	['dʒendə(r)], [seks]
estatura (f)	height	[haɪt]
peso (m)	weight	[weɪt]

46. Membros da família. Parentes

mãe (f)	mother	['mʌðə(r)]
pai (m)	father	['fɑːðə(r)]
filho (m)	son	[sʌn]
filha (f)	daughter	['dɔːtə(r)]

caçula (f)	younger daughter	[͵jʌŋgə 'dɔːtə(r)]
caçula (m)	younger son	[͵jʌŋgə 'sʌn]
filha (f) mais velha	eldest daughter	['eldɪst 'dɔːtə(r)]
filho (m) mais velho	eldest son	['eldɪst sʌn]

irmão (m)	brother	['brʌðə(r)]
irmã (f)	sister	['sɪstə(r)]

primo (m)	cousin	['kʌzən]
prima (f)	cousin	['kʌzən]
mamãe (f)	mom, mommy	[mɒm], ['mɒmɪ]
papai (m)	dad, daddy	[dæd], ['dædɪ]
pais (pl)	parents	['peərənts]
criança (f)	child	[tʃaɪld]
crianças (f pl)	children	['tʃɪldrən]

avó (f)	grandmother	['græn͵mʌðə(r)]
avô (m)	grandfather	['grænd͵fɑːðə(r)]
neto (m)	grandson	['grænsʌn]
neta (f)	granddaughter	['græn͵dɔːtə(r)]
netos (pl)	grandchildren	['græn͵tʃɪldrən]
tio (m)	uncle	['ʌŋkəl]
tia (f)	aunt	[ɑːnt]

| sobrinho (m) | nephew | ['nefjuː] |
| sobrinha (f) | niece | [niːs] |

sogra (f)	mother-in-law	['mʌðər ɪn 'lɔː]
sogro (m)	father-in-law	['fɑːðə ɪn ˌlɔː]
genro (m)	son-in-law	['sʌn ɪn ˌlɔː]
madrasta (f)	stepmother	['step‚mʌðə(r)]
padrasto (m)	stepfather	['step‚fɑːðə(r)]

criança (f) de colo	infant	['ɪnfənt]
bebê (m)	baby	['beɪbɪ]
menino (m)	little boy	['lɪtəl ‚bɔɪ]

| mulher (f) | wife | [waɪf] |
| marido (m) | husband | ['hʌzbənd] |

casado (adj)	married	['mærɪd]
casada (adj)	married	['mærɪd]
solteiro (adj)	single	['sɪŋgəl]
solteirão (m)	bachelor	['bætʃələ(r)]
divorciado (adj)	divorced	[dɪ'vɔːst]
viúva (f)	widow	['wɪdəʊ]
viúvo (m)	widower	['wɪdəʊə(r)]

parente (m)	relative	['relətɪv]
parente (m) próximo	close relative	[‚kləʊs 'relətɪv]
parente (m) distante	distant relative	['dɪstənt 'relətɪv]
parentes (m pl)	relatives	['relətɪvz]

órfão (m), órfã (f)	orphan	['ɔːfən]
tutor (m)	guardian	['gɑːdjən]
adotar (um filho)	to adopt (vt)	[tə ə'dɒpt]
adotar (uma filha)	to adopt (vt)	[tə ə'dɒpt]

Medicina

47. Doenças

doença (f)	sickness	['sɪknɪs]
estar doente	to be sick	[tə bi 'sɪk]
saúde (f)	health	[helθ]
nariz (m) escorrendo	runny nose	[ˌrʌnɪ 'nəʊz]
amigdalite (f)	tonsillitis	[ˌtɒnsɪ'laɪtɪs]
resfriado (m)	cold	[kəʊld]
ficar resfriado	to catch a cold	[tə kætʃ ə 'kəʊld]
bronquite (f)	bronchitis	[brɒŋ'kaɪtɪs]
pneumonia (f)	pneumonia	[nju:'məʊnɪə]
gripe (f)	flu	[flu:]
míope (adj)	nearsighted	[ˌnɪə'saɪtɪd]
presbita (adj)	farsighted	['fɑ: ˌsaɪtɪd]
estrabismo (m)	strabismus	[strə'bɪzməs]
estrábico, vesgo (adj)	cross-eyed	[krɒs 'aɪd]
catarata (f)	cataract	['kætərækt]
glaucoma (m)	glaucoma	[glɔ:'kəʊmə]
AVC (m), apoplexia (f)	stroke	[strəʊk]
ataque (m) cardíaco	heart attack	['hɑ:t əˌtæk]
enfarte (m) do miocárdio	myocardial infarction	[ˌmaɪəʊ'kɑ:dɪəl ɪn'fɑ:kʃən]
paralisia (f)	paralysis	[pə'rælɪsɪs]
paralisar (vt)	to paralyze (vt)	[tə 'pærəlaɪz]
alergia (f)	allergy	['ælədʒɪ]
asma (f)	asthma	['æsmə]
diabetes (f)	diabetes	[ˌdaɪə'bi:ti:z]
dor (f) de dente	toothache	['tu:θeɪk]
cárie (f)	caries	['keəri:z]
diarreia (f)	diarrhea	[ˌdaɪə'rɪə]
prisão (f) de ventre	constipation	[ˌkɒnstɪ'peɪʃən]
desarranjo (m) intestinal	stomach upset	['stʌmək 'ʌpset]
intoxicação (f) alimentar	food poisoning	[fu:d 'pɔɪzənɪŋ]
artrite (f)	arthritis	[ɑ:'θraɪtɪs]
raquitismo (m)	rickets	['rɪkɪts]
reumatismo (m)	rheumatism	['ru:mətɪzəm]
arteriosclerose (f)	atherosclerosis	[ˌæθərəʊsklɪ'rəʊsɪs]
gastrite (f)	gastritis	[gæs'traɪtɪs]
apendicite (f)	appendicitis	[əˌpendɪ'saɪtɪs]
colecistite (f)	cholecystitis	[ˌkɒlɪsɪs'taɪtɪs]

úlcera (f)	ulcer	['ʌlsə(r)]
sarampo (m)	measles	['mi:zəlz]
rubéola (f)	rubella	[ru:'belə]
icterícia (f)	jaundice	['dʒɔ:ndɪs]
hepatite (f)	hepatitis	[ˌhepə'taɪtɪs]

esquizofrenia (f)	schizophrenia	[ˌskɪtsə'fri:nɪə]
raiva (f)	rabies	['reɪbi:z]
neurose (f)	neurosis	[ˌnjʊə'rəʊsɪs]
contusão (f) cerebral	concussion	[kən'kʌʃən]

câncer (m)	cancer	['kænsə(r)]
esclerose (f)	sclerosis	[sklə'rəʊsɪs]
esclerose (f) múltipla	multiple sclerosis	['mʌltɪpəl sklə'rəʊsɪs]

alcoolismo (m)	alcoholism	['ælkəhɒlɪzəm]
alcoólico (m)	alcoholic	[ˌælkə'hɒlɪk]
sífilis (f)	syphilis	['sɪfɪlɪs]
AIDS (f)	AIDS	[eɪdz]

tumor (m)	tumor	['tju:mə(r)]
febre (f)	fever	['fi:və(r)]
malária (f)	malaria	[mə'leərɪə]
gangrena (f)	gangrene	['gæŋgri:n]
enjoo (m)	seasickness	['si:sɪknɪs]
epilepsia (f)	epilepsy	['epɪlepsɪ]

epidemia (f)	epidemic	[ˌepɪ'demɪk]
tifo (m)	typhus	['taɪfəs]
tuberculose (f)	tuberculosis	[tju:ˌbɜ:kjʊ'ləʊsɪs]
cólera (f)	cholera	['kɒlərə]
peste (f) bubônica	plague	[pleɪg]

48. Sintomas. Tratamentos. Parte 1

sintoma (m)	symptom	['sɪmptəm]
temperatura (f)	temperature	['temprətʃə(r)]
febre (f)	high temperature, fever	[haɪ 'temprətʃə(r)], ['fi:və(r)]
pulso (m)	pulse, heartbeat	[pʌls], ['hɑ:tbi:t]

vertigem (f)	dizziness	['dɪzɪnɪs]
quente (testa, etc.)	hot	[hɒt]
calafrio (m)	shivering	['ʃɪvərɪŋ]
pálido (adj)	pale	[peɪl]

tosse (f)	cough	[kɒf]
tossir (vi)	to cough (vi)	[tə kɒf]
espirrar (vi)	to sneeze (vi)	[tə sni:z]
desmaio (m)	faint	[feɪnt]
desmaiar (vi)	to faint (vi)	[tə feɪnt]

mancha (f) preta	bruise	[bru:z]
galo (m)	bump	[bʌmp]
machucar-se (vr)	to bang (vi)	[tə bæŋ]

contusão (f)	bruise	[bru:z]
machucar-se (vr)	to get a bruise	[tə get ə bru:z]
mancar (vi)	to limp (vi)	[tə lɪmp]
deslocamento (f)	dislocation	[ˌdɪslə'keɪʃən]
deslocar (vt)	to dislocate (vt)	[tə 'dɪsləkeɪt]
fratura (f)	fracture	['fræktʃə(r)]
fraturar (vt)	to have a fracture	[tə hæv ə 'fræktʃə(r)]
corte (m)	cut	[kʌt]
cortar-se (vr)	to cut oneself	[tə kʌt wʌn'self]
hemorragia (f)	bleeding	['bli:dɪŋ]
queimadura (f)	burn	[bɜ:n]
queimar-se (vr)	to get burned	[tə get 'bɜ:nd]
picar (vt)	to prick (vt)	[tə prɪk]
picar-se (vr)	to prick oneself	[tə prɪk wʌn'self]
lesionar (vt)	to injure (vt)	[tə 'ɪndʒə(r)]
lesão (m)	injury	['ɪndʒərɪ]
ferida (f), ferimento (m)	wound	[wu:nd]
trauma (m)	trauma	['traʊmə]
delirar (vi)	to be delirious	[tə bi dɪ'lɪrɪəs]
gaguejar (vi)	to stutter (vi)	[tə 'stʌtə(r)]
insolação (f)	sunstroke	['sʌnstrəʊk]

49. Sintomas. Tratamentos. Parte 2

dor (f)	pain, ache	[peɪn], [eɪk]
farpa (no dedo, etc.)	splinter	['splɪntə(r)]
suor (m)	sweat	[swet]
suar (vi)	to sweat (vi)	[tə swet]
vômito (m)	vomiting	['vɒmɪtɪŋ]
convulsões (f pl)	convulsions	[kən'vʌlʃənz]
grávida (adj)	pregnant	['pregnənt]
nascer (vi)	to be born	[tə bi bɔ:n]
parto (m)	delivery, labor	[dɪ'lɪvərɪ], ['leɪbə(r)]
dar à luz	to deliver (vt)	[tə dɪ'lɪvə(r)]
aborto (m)	abortion	[ə'bɔ:ʃən]
respiração (f)	breathing, respiration	['bri:ðɪŋ], [ˌrespə'reɪʃən]
inspiração (f)	in-breath, inhalation	['ɪnbreθ], [ˌɪnhə'leɪʃən]
expiração (f)	out-breath, exhalation	['aʊtbreθ],[ˌeksə'leɪʃən]
expirar (vi)	to exhale (vi)	[tə eks'heɪl]
inspirar (vi)	to inhale (vi)	[tə ɪn'heɪl]
inválido (m)	disabled person	[dɪs'eɪbəld 'pɜ:sən]
aleijado (m)	cripple	['krɪpəl]
drogado (m)	drug addict	['drʌgˌædɪkt]
surdo (adj)	deaf	[def]
mudo (adj)	mute	[mju:t]

surdo-mudo (adj)	deaf mute	[def mju:t]
louco, insano (adj)	mad, insane	[mæd], [ɪn'seɪn]
louco (m)	madman	['mædmən]
louca (f)	madwoman	['mæd͵wʊmən]
ficar louco	to go insane	[tə gəʊ ɪn'seɪn]

gene (m)	gene	[dʒi:n]
imunidade (f)	immunity	[ɪ'mju:nətɪ]
hereditário (adj)	hereditary	[hɪ'redɪtərɪ]
congênito (adj)	congenital	[kən'dʒenɪtəl]

vírus (m)	virus	['vaɪrəs]
micróbio (m)	microbe	['maɪkrəʊb]
bactéria (f)	bacterium	[bæk'tɪərɪəm]
infecção (f)	infection	[ɪn'fekʃən]

50. Sintomas. Tratamentos. Parte 3

hospital (m)	hospital	['hɒspɪtəl]
paciente (m)	patient	['peɪʃənt]

diagnóstico (m)	diagnosis	[͵daɪəg'nəʊsɪs]
cura (f)	cure	[kjʊə]
tratamento (m) médico	treatment	['tri:tmənt]
curar-se (vr)	to get treatment	[tə get 'tri:tmənt]
tratar (vt)	to treat (vt)	[tə tri:t]
cuidar (pessoa)	to nurse (vt)	[tə nɜ:s]
cuidado (m)	care	[keə(r)]

operação (f)	operation, surgery	[͵ɒpə'reɪʃən], ['sɜ:dʒərɪ]
enfaixar (vt)	to bandage (vt)	[tə 'bændɪdʒ]
enfaixamento (m)	bandaging	['bændɪdʒɪŋ]
vacinação (f)	vaccination	[͵væksɪ'neɪʃən]
vacinar (vt)	to vaccinate (vt)	[tə 'væksɪneɪt]
injeção (f)	injection, shot	[ɪn'dʒekʃən], [ʃɒt]
dar uma injeção	to give an injection	[tə͵gɪv ən ɪn'dʒekʃən]

ataque (~ de asma, etc.)	attack	[ə'tæk]
amputação (f)	amputation	[͵æmpjʊ'teɪʃən]
amputar (vt)	to amputate (vt)	[tə 'æmpjʊteɪt]
coma (f)	coma	['kəʊmə]
estar em coma	to be in a coma	[tə bi ɪn ə 'kəʊmə]
reanimação (f)	intensive care	[ɪn'tensɪv ͵keə(r)]

recuperar-se (vr)	to recover (vi)	[tə rɪ'kʌvə(r)]
estado (~ de saúde)	condition	[kən'dɪʃən]
consciência (perder a ~)	consciousness	['kɒnʃəsnɪs]
memória (f)	memory	['memərɪ]

tirar (vt)	to pull out	[tə ͵pʊl 'aʊt]
obturação (f)	filling	['fɪlɪŋ]
obturar (vt)	to fill (vt)	[tə fɪl]
hipnose (f)	hypnosis	[hɪp'nəʊsɪs]
hipnotizar (vt)	to hypnotize (vt)	[tə 'hɪpnətaɪz]

51. Médicos

médico (m)	doctor	['dɒktə(r)]
enfermeira (f)	nurse	[nɜːs]
médico (m) pessoal	personal doctor	['pɜːsənəl 'dɒktə(r)]
dentista (m)	dentist	['dentɪst]
oculista (m)	eye doctor	[aɪ 'dɒktə(r)]
terapeuta (m)	internist	[ɪn'tɜːnɪst]
cirurgião (m)	surgeon	['sɜːdʒən]
psiquiatra (m)	psychiatrist	[saɪ'kaɪətrɪst]
pediatra (m)	pediatrician	[ˌpiːdɪə'trɪʃən]
psicólogo (m)	psychologist	[saɪ'kɒlədʒɪst]
ginecologista (m)	gynecologist	[ˌgaɪnɪ'kɒlədʒɪst]
cardiologista (m)	cardiologist	[ˌkɑːdɪ'ɒlədʒɪst]

52. Medicina. Drogas. Acessórios

medicamento (m)	medicine, drug	['medsɪn], [drʌg]
remédio (m)	remedy	['remədɪ]
receitar (vt)	to prescribe (vt)	[tə prɪ'skraɪb]
receita (f)	prescription	[prɪ'skrɪpʃən]
comprimido (m)	tablet, pill	['tæblɪt], [pɪl]
unguento (m)	ointment	['ɔɪntmənt]
ampola (f)	ampule	['æmpuːl]
solução, preparado (m)	mixture	['mɪkstʃə(r)]
xarope (m)	syrup	['sɪrəp]
cápsula (f)	capsule	['kæpsjuːl]
pó (m)	powder	['paʊdə(r)]
atadura (f)	bandage	['bændɪdʒ]
algodão (m)	cotton wool	['kɒtən ˌwʊl]
iodo (m)	iodine	['aɪədaɪn]
curativo (m) adesivo	Band-Aid	['bændˌeɪd]
conta-gotas (m)	eyedropper	[aɪ 'drɒpə(r)]
termômetro (m)	thermometer	[θə'mɒmɪtə(r)]
seringa (f)	syringe	[sɪ'rɪndʒ]
cadeira (f) de rodas	wheelchair	['wiːlˌtʃeə(r)]
muletas (f pl)	crutches	[krʌtʃɪz]
analgésico (m)	painkiller	['peɪnˌkɪlə(r)]
laxante (m)	laxative	['læksətɪv]
álcool (m)	spirits (ethanol)	['spɪrɪts], ['eθənɒl]
ervas (f pl) medicinais	medicinal herbs	[mə'dɪsɪnəl ɜːrbz]
de ervas (chá ~)	herbal	['ɜːrbəl]

HABITAT HUMANO

Cidade

53. Cidade. Vida na cidade

cidade (f)	city, town	['sɪtɪ], [taʊn]
capital (f)	capital	['kæpɪtəl]
aldeia (f)	village	['vɪlɪʤ]
mapa (m) da cidade	city map	['sɪtɪˌmæp]
centro (m) da cidade	downtown	['daʊnˌtaʊn]
subúrbio (m)	suburb	['sʌbɜːb]
suburbano (adj)	suburban	[sə'bɜːbən]
periferia (f)	outskirts	['aʊtskɜːts]
arredores (m pl)	environs	[ɪn'vaɪərənz]
quarteirão (m)	city block	['sɪtɪ blɒk]
quarteirão (m) residencial	residential block	[ˌrezɪ'denʃəl blɒk]
tráfego (m)	traffic	['træfɪk]
semáforo (m)	traffic lights	['træfɪk laɪts]
transporte (m) público	public transportation	['pʌblɪk ˌtrænspɔː'teɪʃən]
cruzamento (m)	intersection	[ˌɪntə'sekʃən]
faixa (f)	crosswalk	['krɒswɔːk]
túnel (m) subterrâneo	pedestrian underpass	[pɪ'destrɪən 'ʌndəpɑːs]
cruzar, atravessar (vt)	to cross (vt)	[tə krɒs]
pedestre (m)	pedestrian	[pɪ'destrɪən]
calçada (f)	sidewalk	['saɪdwɔːk]
ponte (f)	bridge	[brɪʤ]
margem (f) do rio	embankment	[ɪm'bæŋkmənt]
alameda (f)	allée	[ale]
parque (m)	park	[pɑːk]
bulevar (m)	boulevard	['buːləvɑːd]
praça (f)	square	[skweə(r)]
avenida (f)	avenue	['ævənjuː]
rua (f)	street	[striːt]
travessa (f)	side street	[saɪd striːt]
beco (m) sem saída	dead end	[ˌded 'end]
casa (f)	house	[haʊs]
edifício, prédio (m)	building	['bɪldɪŋ]
arranha-céu (m)	skyscraper	['skaɪˌskreɪpə(r)]
fachada (f)	facade	[fə'sɑːd]
telhado (m)	roof	[ruːf]

51

janela (f)	window	['wɪndəʊ]
arco (m)	arch	[ɑːʧ]
coluna (f)	column	['kɒləm]
esquina (f)	corner	['kɔːnə(r)]

vitrine (f)	store window	['stɔː ˌwɪndəʊ]
letreiro (m)	signboard	['saɪnbɔːd]
cartaz (do filme, etc.)	poster	['pəʊstə(r)]
cartaz (m) publicitário	advertising poster	['ædvətaɪzɪŋ 'pəʊstə(r)]
painel (m) publicitário	billboard	['bɪlbɔːd]

lixo (m)	garbage, trash	['gɑːbɪʤ], [træʃ]
lata (f) de lixo	trash can	['træʃkæn]
jogar lixo na rua	to litter (vi)	[tə 'lɪtə(r)]
aterro (m) sanitário	garbage dump	['gɑːbɪʤ dʌmp]

orelhão (m)	phone booth	['fəʊn ˌbuːð]
poste (m) de luz	street light	['striːt laɪt]
banco (m)	bench	[benʧ]

polícia (m)	police officer	[pə'liːs 'ɒfɪsə(r)]
polícia (instituição)	police	[pə'liːs]
mendigo, pedinte (m)	beggar	['begə(r)]
desabrigado (m)	homeless	['həʊmlɪs]

54. Instituições urbanas

loja (f)	store	[stɔː(r)]
drogaria (f)	drugstore, pharmacy	['drʌgstɔː(r)], ['fɑːməsɪ]
ótica (f)	eyeglass store	['aɪglɑːs stɔː(r)]
centro (m) comercial	shopping mall	['ʃɒpɪŋ mɔːl]
supermercado (m)	supermarket	['suːpəˌmɑːkɪt]

padaria (f)	bakery	['beɪkərɪ]
padeiro (m)	baker	['beɪkə(r)]
pastelaria (f)	pastry shop	['peɪstrɪ ʃɒp]
mercearia (f)	grocery store	['grəʊsərɪ stɔː(r)]
açougue (m)	butcher shop	['bʊʧəzʃɒp]

| fruteira (f) | produce store | ['prɒdjuːs stɔː] |
| mercado (m) | market | ['mɑːkɪt] |

cafeteria (f)	coffee house	['kɒfɪ ˌhaʊs]
restaurante (m)	restaurant	['restrɒnt]
bar (m)	pub, bar	[pʌb], [bɑː(r)]
pizzaria (f)	pizzeria	[ˌpiːtsə'rɪə]

salão (m) de cabeleireiro	hair salon	['heə 'sælɒn]
agência (f) dos correios	post office	[pəʊst 'ɒfɪs]
lavanderia (f)	dry cleaners	[ˌdraɪ 'kliːnəz]
estúdio (m) fotográfico	photo studio	['fəʊtəʊ 'stjuːdɪəʊ]

| sapataria (f) | shoe store | ['ʃuː stɔː(r)] |
| livraria (f) | bookstore | ['bʊkstɔː(r)] |

loja (f) de artigos esportivos	sporting goods store	['spɔːtɪŋ gʊdz stɔː(r)]
costureira (m)	clothes repair shop	[kləʊðz rɪ'peə(r) ʃɒp]
aluguel (m) de roupa	formal wear rental	['fɔːməl weə 'rentəl]
videolocadora (f)	video rental store	['vɪdɪəʊ 'rentəl stɔː]

circo (m)	circus	['sɜːkəs]
jardim (m) zoológico	zoo	[zuː]
cinema (m)	movie theater	['muːvɪ 'θɪətə(r)]
museu (m)	museum	[mjuː'zɪːəm]
biblioteca (f)	library	['laɪbrərɪ]

teatro (m)	theater	['θɪətə(r)]
ópera (f)	opera	['ɒpərə]
boate (casa noturna)	nightclub	[naɪt klʌb]
cassino (m)	casino	[kə'siːnəʊ]

mesquita (f)	mosque	[mɒsk]
sinagoga (f)	synagogue	['sɪnəgɒg]
catedral (f)	cathedral	[kə'θiːdrəl]
templo (m)	temple	['tempəl]
igreja (f)	church	[tʃɜːtʃ]

faculdade (f)	college	['kɒlɪdʒ]
universidade (f)	university	[ˌjuːnɪ'vɜːsətɪ]
escola (f)	school	[skuːl]

prefeitura (f)	prefecture	['priːfekˌtjʊə(r)]
câmara (f) municipal	city hall	['sɪtɪ ˌhɔːl]
hotel (m)	hotel	[həʊ'tel]
banco (m)	bank	[bæŋk]

embaixada (f)	embassy	['embəsɪ]
agência (f) de viagens	travel agency	['trævəl 'eɪdʒənsɪ]
agência (f) de informações	information office	[ˌɪnfə'meɪʃən 'ɒfɪs]
casa (f) de câmbio	currency exchange	['kʌrənsɪ ɪks'tʃeɪndʒ]

metrô (n)	subway	['sʌbweɪ]
hospital (m)	hospital	['hɒspɪtəl]

posto (m) de gasolina	gas station	[gæs 'steɪʃən]
parque (m) de estacionamento	parking lot	['pɑːkɪŋ lɒt]

55. Sinais

letreiro (m)	signboard	['saɪnbɔːd]
aviso (m)	notice	['nəʊtɪs]
cartaz, pôster (m)	poster	['pəʊstə(r)]
placa (f) de direção	direction sign	[dɪ'rekʃən saɪn]
seta (f)	arrow	['ærəʊ]

aviso (advertência)	caution	['kɔːʃən]
sinal (m) de aviso	warning sign	['wɔːnɪŋ saɪn]
avisar, advertir (vt)	to warn (vt)	[tə wɔːn]
dia (m) de folga	rest day	[rest deɪ]

53

| horário (~ dos trens, etc.) | timetable | ['taɪmˌteɪbəl] |
| horário (m) | opening hours | ['əʊpənɪŋ ˌaʊəz] |

BEM-VINDOS!	WELCOME!	['welkəm]
ENTRADA	ENTRANCE	['entrəns]
SAÍDA	EXIT	['eksɪt]

EMPURRE	PUSH	[pʊʃ]
PUXE	PULL	[pʊl]
ABERTO	OPEN	['əʊpən]
FECHADO	CLOSED	[kləʊzd]

| MULHER | WOMEN | ['wɪmɪn] |
| HOMEM | MEN | ['men] |

DESCONTOS	DISCOUNTS	['dɪskaʊnts]
SALDOS, PROMOÇÃO	SALE	[seɪl]
NOVIDADE!	NEW!	[njuː]
GRÁTIS	FREE	[friː]

ATENÇÃO!	ATTENTION!	[ə'tenʃən]
NÃO HÁ VAGAS	NO VACANCIES	[nəʊ 'veɪkənsɪz]
RESERVADO	RESERVED	[rɪ'zɜːvd]

ADMINISTRAÇÃO	ADMINISTRATION	[ədˌmɪnɪ'streɪʃən]
SOMENTE PESSOAL	STAFF ONLY	[stɑːf 'əʊnlɪ]
AUTORIZADO		

CUIDADO CÃO FEROZ	BEWARE OF THE DOG!	[bɪ'weə əv ðə ˌdɒg]
PROIBIDO FUMAR!	NO SMOKING	[nəʊ 'sməʊkɪŋ]
NÃO TOCAR	DO NOT TOUCH!	[də nɒt 'tʌtʃ]

PERIGOSO	DANGEROUS	['deɪndʒərəs]
PERIGO	DANGER	['deɪndʒə(r)]
ALTA TENSÃO	HIGH VOLTAGE	[haɪ 'vəʊltɪdʒ]
PROIBIDO NADAR	NO SWIMMING!	[nəʊ 'swɪmɪŋ]
COM DEFEITO	OUT OF ORDER	[ˌaʊt əv 'ɔːdə(r)]

INFLAMÁVEL	FLAMMABLE	['flæməbəl]
PROIBIDO	FORBIDDEN	[fə'bɪdən]
ENTRADA PROIBIDA	NO TRESPASSING!	[nəʊ 'trespəsɪŋ]
CUIDADO TINTA FRESCA	WET PAINT	[wet peɪnt]

56. Transportes urbanos

ônibus (m)	bus	[bʌs]
bonde (m) elétrico	streetcar	['striːtkɑː(r)]
trólebus (m)	trolley bus	['trɒlɪbʌs]
rota (f), itinerário (m)	route	[raʊt]
número (m)	number	['nʌmbə(r)]

ir de ... (carro, etc.)	to go by ...	[tə gəʊ baɪ]
entrar no ...	to get on	[tə get ɒn]
descer do ...	to get off ...	[tə get ɒf]

parada (f)	stop	[stɒp]
próxima parada (f)	next stop	[ˌnekst 'stɒp]
terminal (m)	terminus	['tɜːmɪnəs]
horário (m)	schedule	['skedʒʊl]
esperar (vt)	to wait (vi)	[tə weɪt]

| passagem (f) | ticket | ['tɪkɪt] |
| tarifa (f) | fare | [feə(r)] |

bilheteiro (m)	cashier	[kæ'ʃɪə(r)]
controle (m) de passagens	ticket inspection	['tɪkɪt ɪn'spekʃən]
revisor (m)	ticket inspector	['tɪkɪt ɪn'spektə(r)]

| atrasar-se (vr) | to be late | [tə bi 'leɪt] |
| estar com pressa | to be in a hurry | [tə bi ɪn ə 'hʌrɪ] |

táxi (m)	taxi, cab	['tæksɪ], [kæb]
taxista (m)	taxi driver	['tæksɪ 'draɪvə(r)]
de táxi (ir ~)	by taxi	[baɪ 'tæksɪ]
ponto (m) de táxis	taxi stand	['tæksɪ stænd]
chamar um táxi	to call a taxi	[tə kɔːl ə 'tæksɪ]
pegar um táxi	to take a taxi	[tə ˌteɪk ə 'tæksɪ]

tráfego (m)	traffic	['træfɪk]
engarrafamento (m)	traffic jam	['træfɪk dʒæm]
horas (f pl) de pico	rush hour	['rʌʃ ˌaʊə(r)]
estacionar (vi)	to park (vi)	[tə pɑːk]
estacionar (vt)	to park (vt)	[tə pɑːk]
parque (m) de estacionamento	parking lot	['pɑːkɪŋ lɒt]

metrô (m)	subway	['sʌbweɪ]
estação (f)	station	['steɪʃən]
ir de metrô	to take the subway	[tə ˌteɪk ðə 'sʌbweɪ]
trem (m)	train	[treɪn]
estação (f) de trem	train station	[treɪn 'steɪʃən]

57. Turismo

monumento (m)	monument	['mɒnjʊmənt]
fortaleza (f)	fortress	['fɔːtrɪs]
palácio (m)	palace	['pælɪs]
castelo (m)	castle	['kɑːsəl]
torre (f)	tower	['taʊə(r)]
mausoléu (m)	mausoleum	[ˌmɔːzə'lɪəm]

arquitetura (f)	architecture	['ɑːkɪtektʃə(r)]
medieval (adj)	medieval	[ˌmedɪ'iːvəl]
antigo (adj)	ancient	['eɪnʃənt]
nacional (adj)	national	['næʃənəl]
famoso, conhecido (adj)	famous	['feɪməs]

turista (m)	tourist	['tʊərɪst]
guia (pessoa)	guide	[gaɪd]
excursão (f)	excursion	[ɪk'skɜːʃən]

| mostrar (vt) | to show (vt) | [tə ʃəʊ] |
| contar (vt) | to tell (vt) | [tə tel] |

encontrar (vt)	to find (vt)	[tə faɪnd]
perder-se (vr)	to get lost	[tə get lɒst]
mapa (~ do metrô)	map	[mæp]
mapa (~ da cidade)	map	[mæp]

lembrança (f), presente (m)	souvenir, gift	[ˌsuːvəˈnɪə], [gɪft]
loja (f) de presentes	gift shop	[ˈgɪftʃɒp]
tirar fotos, fotografar	to take pictures	[tə ˌteɪk ˈpɪkʧəz]

58. Compras

comprar (vt)	to buy (vt)	[tə baɪ]
compra (f)	purchase	[ˈpɜːʧəs]
fazer compras	to go shopping	[tə gəʊ ˈʃɒpɪŋ]
compras (f pl)	shopping	[ˈʃɒpɪŋ]

| estar aberta (loja) | to be open | [tə bi ˈəʊpən] |
| estar fechada | to be closed | [tə bi kləʊzd] |

calçado (m)	footwear, shoes	[ˈfʊtweə(r)], [ʃuːz]
roupa (f)	clothes, clothing	[kləʊðz], [ˈkləʊðɪŋ]
cosméticos (m pl)	cosmetics	[kɒzˈmetɪks]
alimentos (m pl)	food products	[fuːd ˈprɒdʌkts]
presente (m)	gift, present	[gɪft], [ˈprezənt]

vendedor (m)	salesman	[ˈseɪlzmən]
vendedora (f)	saleswoman	[ˈseɪlzˌwʊmən]
caixa (f)	check out, cash desk	[ʧek aʊt], [kæʃ desk]
espelho (m)	mirror	[ˈmɪrə(r)]
balcão (m)	counter	[ˈkaʊntə(r)]
provador (m)	fitting room	[ˈfɪtɪŋ ˌrum]

provar (vt)	to try on (vt)	[tə ˌtraɪ ˈɒn]
servir (roupa, caber)	to fit (vt)	[tə fɪt]
gostar (apreciar)	to like (vt)	[tə laɪk]

preço (m)	price	[praɪs]
etiqueta (f) de preço	price tag	[ˈpraɪs tæg]
custar (vt)	to cost (vt)	[tə kɒst]
Quanto?	How much?	[ˌhaʊ ˈmʌʧ]
desconto (m)	discount	[ˈdɪskaʊnt]

não caro (adj)	inexpensive	[ˌɪnɪkˈspensɪv]
barato (adj)	cheap	[ʧiːp]
caro (adj)	expensive	[ɪkˈspensɪv]
É caro	It's expensive	[ɪts ɪkˈspensɪv]

aluguel (m)	rental	[ˈrentəl]
alugar (roupas, etc.)	to rent (vt)	[tə rent]
crédito (m)	credit	[ˈkredɪt]
a crédito	on credit	[ɒn ˈkredɪt]

59. Dinheiro

dinheiro (m)	money	['mʌnɪ]
câmbio (m)	currency exchange	['kʌrənsɪ ɪks'tʃeɪndʒ]
taxa (f) de câmbio	exchange rate	[ɪks'tʃeɪndʒ reɪt]
caixa (m) eletrônico	ATM	[ˌeɪtiː'em]
moeda (f)	coin	[kɔɪn]

| dólar (m) | dollar | ['dɒlə(r)] |
| euro (m) | euro | ['jʊərəʊ] |

lira (f)	lira	['lɪərə]
marco (m)	Deutschmark	['dɔɪtʃmɑːk]
franco (m)	franc	[fræŋk]
libra (f) esterlina	pound sterling	[paʊnd 'stɜːlɪŋ]
iene (m)	yen	[jen]

dívida (f)	debt	[det]
devedor (m)	debtor	['detə(r)]
emprestar (vt)	to lend (vt)	[tə lend]
pedir emprestado	to borrow (vt)	[tə 'bɒrəʊ]

banco (m)	bank	[bæŋk]
conta (f)	account	[ə'kaʊnt]
depositar (vt)	to deposit (vt)	[tə dɪ'pɒzɪt]

cartão (m) de crédito	credit card	['kredɪt kɑːd]
dinheiro (m) vivo	cash	[kæʃ]
cheque (m)	check	[tʃek]
passar um cheque	to write a check	[tə ˌraɪt ə 'tʃek]
talão (m) de cheques	checkbook	['tʃekˌbʊk]

carteira (f)	wallet	['wɒlɪt]
niqueleira (f)	change purse	[tʃeɪndʒ pɜːs]
cofre (m)	safe	[seɪf]

herdeiro (m)	heir	[eə(r)]
herança (f)	inheritance	[ɪn'herɪtəns]
fortuna (riqueza)	fortune	['fɔːtʃuːn]

arrendamento (m)	lease	[liːs]
aluguel (pagar o ~)	rent	[rent]
alugar (vt)	to rent (vt)	[tə rent]

preço (m)	price	[praɪs]
custo (m)	cost	[kɒst]
soma (f)	sum	[sʌm]

gastos (m pl)	expenses	[ɪk'spensɪz]
economizar (vi)	to economize (vi, vt)	[tə ɪ'kɒnəmaɪz]
econômico (adj)	economical	[ˌiːkə'nɒmɪkəl]

pagar (vt)	to pay (vi, vt)	[tə peɪ]
pagamento (m)	payment	['peɪmənt]
troco (m)	change	[tʃeɪndʒ]

imposto (m)	tax	[tæks]
multa (f)	fine	[faɪn]
multar (vt)	to fine (vt)	[tə faɪn]

60. Correios. Serviço postal

agência (f) dos correios	post office	[pəʊst 'ɒfɪs]
correio (m)	mail	[meɪl]
carteiro (m)	mailman	['meɪlmən]
horário (m)	opening hours	['əʊpənɪŋ ˌaʊəz]

carta (f)	letter	['letə(r)]
carta (f) registada	registered letter	['redʒɪstəd 'letə(r)]
cartão (m) postal	postcard	['pəʊstkɑːd]
telegrama (m)	telegram	['telɪgræm]
encomenda (f)	package, parcel	['pækɪdʒ], ['pɑːsəl]
transferência (f) de dinheiro	money transfer	['mʌnɪ trænsˈfɜː(r)]

receber (vt)	to receive (vt)	[tə rɪˈsiːv]
enviar (vt)	to send (vt)	[tə send]
envio (m)	sending	['sendɪŋ]

endereço (m)	address	[əˈdres]
código (m) postal	ZIP code	['zɪp ˌkəʊd]
remetente (m)	sender	['sendə(r)]
destinatário (m)	receiver	[rɪˈsiːvə(r)]

| nome (m) | first name | [fɜːst neɪm] |
| sobrenome (m) | surname, last name | ['sɜːneɪm], [lɑːst neɪm] |

tarifa (f)	rate	[reɪt]
ordinário (adj)	standard	['stændəd]
econômico (adj)	economical	[ˌiːkəˈnɒmɪkəl]

peso (m)	weight	[weɪt]
pesar (estabelecer o peso)	to weigh (vt)	[tə weɪ]
envelope (m)	envelope	['envələʊp]
selo (m) postal	postage stamp	['pəʊstɪdʒ ˌstæmp]
colar o selo	to stamp an envelope	[tə stæmp ən 'envələʊp]

Moradia. Casa. Lar

61. Casa. Eletricidade

eletricidade (f)	electricity	[ˌɪlek'trɪsəti]
lâmpada (f)	light bulb	['laɪt ˌbʌlb]
interruptor (m)	switch	[swɪtʃ]
fusível, disjuntor (m)	fuze, fuse	[fjuːz]
fio, cabo (m)	cable, wire	['keɪbəl], ['waɪə]
instalação (f) elétrica	wiring	['waɪərɪŋ]
medidor (m) de eletricidade	electricity meter	[ˌɪlek'trɪsəti 'miːtə(r)]
indicação (f), registro (m)	readings	['riːdɪŋz]

62. Moradia. Mansão

casa (f) de campo	country house	['kʌntrɪ haʊs]
vila (f)	villa	['vɪlə]
ala (~ do edifício)	wing	[wɪŋ]
jardim (m)	garden	['gɑːdən]
parque (m)	park	[pɑːk]
estufa (f)	conservatory	[kən'sɜːvətrɪ]
cuidar de ...	to look after	[tə ˌlʊk 'ɑːftə(r)]
piscina (f)	swimming pool	['swɪmɪŋ puːl]
academia (f) de ginástica	gym	[dʒɪm]
quadra (f) de tênis	tennis court	['tenɪs kɔːt]
cinema (m)	home theater room	[həʊm 'θɪətə rʊm]
garagem (f)	garage	[gə'rɑːʒ]
propriedade (f) privada	private property	['praɪvɪt 'prɒpətɪ]
terreno (m) privado	private land	['praɪvɪt lænd]
advertência (f)	warning	['wɔːnɪŋ]
sinal (m) de aviso	warning sign	['wɔːnɪŋ saɪn]
guarda (f)	security	[sɪ'kjʊərətɪ]
guarda (m)	security guard	[sɪ'kjʊərətɪ gɑːd]
alarme (m)	burglar alarm	['bɜːglə ə'lɑːm]

63. Apartamento

apartamento (m)	apartment	[ə'pɑːtmənt]
quarto, cômodo (m)	room	[rʊm]

quarto (m) de dormir	bedroom	['bedrʊm]
sala (f) de jantar	dining room	['daınıŋ rʊm]
sala (f) de estar	living room	['lıvıŋ ruːm]
escritório (m)	study	['stʌdı]

sala (f) de entrada	entry room	['entrı ruːm]
banheiro (m)	bathroom	['bɑːθrʊm]
lavabo (m)	half bath	[hɑːf bɑːθ]

teto (m)	ceiling	['siːlıŋ]
chão, piso (m)	floor	[flɔː(r)]
canto (m)	corner	['kɔːnə(r)]

64. Mobiliário. Interior

mobiliário (m)	furniture	['fɜːnıtʃə(r)]
mesa (f)	table	['teıbəl]
cadeira (f)	chair	[tʃeə(r)]
cama (f)	bed	[bed]

| sofá, divã (m) | couch, sofa | [kaʊtʃ], ['səʊfə] |
| poltrona (f) | armchair | ['ɑːmtʃeə(r)] |

| estante (f) | bookcase | ['bʊkkeıs] |
| prateleira (f) | shelf | [ʃelf] |

guarda-roupas (m)	wardrobe	['wɔːdrəʊb]
cabide (m) de parede	coat rack	['kəʊt ˌræk]
cabideiro (m) de pé	coat stand	['kəʊt stænd]

| cômoda (f) | bureau, dresser | ['bjʊərəʊ], ['dresə(r)] |
| mesinha (f) de centro | coffee table | ['kɒfı 'teıbəl] |

espelho (m)	mirror	['mırə(r)]
tapete (m)	carpet	['kɑːpıt]
tapete (m) pequeno	rug, small carpet	[rʌg], [smɔːl 'kɑːpıt]

lareira (f)	fireplace	['faıəpleıs]
vela (f)	candle	['kændəl]
castiçal (m)	candlestick	['kændəlstık]

cortinas (f pl)	drapes	[dreıps]
papel (m) de parede	wallpaper	['wɔːlˌpeıpə(r)]
persianas (f pl)	blinds	[blaındz]

luminária (f) de mesa	table lamp	['teıbəl læmp]
abajur (m) de pé	floor lamp	[flɔː læmp]
lustre (m)	chandelier	[ʃændə'lıə(r)]

| pé (de mesa, etc.) | leg | [leg] |
| braço, descanso (m) | armrest | ['ɑːmrest] |

| costas (f pl) | back | [bæk] |
| gaveta (f) | drawer | [drɔː(r)] |

65. Quarto de dormir

roupa (f) de cama	bedclothes	['bedkleuõz]
travesseiro (m)	pillow	['pɪləʊ]
fronha (f)	pillowcase	['pɪləʊkeɪs]
cobertor (m)	duvet, comforter	['du:veɪ], ['kʌmfətə(r)]
lençol (m)	sheet	[ʃiːt]
colcha (f)	bedspread	['bedspred]

66. Cozinha

cozinha (f)	kitchen	['kɪtʃɪn]
gás (m)	gas	[gæs]
fogão (m) a gás	gas stove	['gæs stəʊv]
fogão (m) elétrico	electric stove	[ɪ'lektrɪk stəʊv]
forno (m)	oven	['ʌvən]
forno (m) de micro-ondas	microwave oven	['maɪkrəweɪv 'ʌvən]
geladeira (f)	fridge	[frɪdʒ]
congelador (m)	freezer	['fri:zə(r)]
máquina (f) de lavar louça	dishwasher	['dɪʃˌwɒʃə(r)]
moedor (m) de carne	meat grinder	[mi:t 'graɪndə(r)]
espremedor (m)	juicer	['dʒu:sə]
torradeira (f)	toaster	['təʊstə(r)]
batedeira (f)	mixer	['mɪksə(r)]
máquina (f) de café	coffee machine	['kɒfɪ mə'ʃi:n]
cafeteira (f)	coffee pot	['kɒfɪ pɒt]
moedor (m) de café	coffee grinder	['kɒfɪ 'graɪndə(r)]
chaleira (f)	kettle	['ketəl]
bule (m)	teapot	['ti:pɒt]
tampa (f)	lid	[lɪd]
coador (m) de chá	tea strainer	[ti: 'streɪnə(r)]
colher (f)	spoon	[spu:n]
colher (f) de chá	teaspoon	['ti:spu:n]
colher (f) de sopa	soup spoon	[su:p spu:n]
garfo (m)	fork	[fɔ:k]
faca (f)	knife	[naɪf]
louça (f)	tableware	['teɪbəlweə(r)]
prato (m)	plate	[pleɪt]
pires (m)	saucer	['sɔ:sə(r)]
cálice (m)	shot glass	[ʃɒt glɑ:s]
copo (m)	glass	[glɑ:s]
xícara (f)	cup	[kʌp]
açucareiro (m)	sugar bowl	['ʃʊgə ˌbəʊl]
saleiro (m)	salt shaker	[sɒlt 'ʃeɪkə]
pimenteiro (m)	pepper shaker	['pepə 'ʃeɪkə]

manteigueira (f)	butter dish	['bʌtə dɪʃ]
panela (f)	stock pot	[stɒk pɒt]
frigideira (f)	frying pan	['fraɪɪŋ pæn]
concha (f)	ladle	['leɪdəl]
coador (m)	colander	['kʌləndə(r)]
bandeja (f)	tray	[treɪ]

garrafa (f)	bottle	['bɒtəl]
pote (m) de vidro	jar	[dʒɑ:(r)]
lata (~ de cerveja)	can	[kæn]

abridor (m) de garrafa	bottle opener	['bɒtəl 'əʊpənə(r)]
abridor (m) de latas	can opener	[kæn 'əʊpənə(r)]
saca-rolhas (m)	corkscrew	['kɔːkskru:]
filtro (m)	filter	['fɪltə(r)]
filtrar (vt)	to filter (vt)	[tə 'fɪltə(r)]

| lixo (m) | trash | [træʃ] |
| lixeira (f) | trash can | ['træʃkæn] |

67. Casa de banho

banheiro (m)	bathroom	['bɑ:θrʊm]
água (f)	water	['wɔ:tə(r)]
torneira (f)	faucet	['fɔ:sɪt]
água (f) quente	hot water	[hɒt 'wɔ:tə(r)]
água (f) fria	cold water	[ˌkəʊld 'wɔ:tə(r)]

| pasta (f) de dente | toothpaste | ['tu:θpeɪst] |
| escovar os dentes | to brush one's teeth | [tə brʌʃ wʌns 'ti:θ] |

barbear-se (vr)	to shave (vi)	[tə ʃeɪv]
espuma (f) de barbear	shaving foam	['ʃeɪvɪŋ fəʊm]
gilete (f)	razor	['reɪzə(r)]

lavar (vt)	to wash (vt)	[tə wɒʃ]
tomar banho	to take a bath	[tə teɪk ə bɑ:θ]
chuveiro (m), ducha (f)	shower	['ʃaʊə(r)]
tomar uma ducha	to take a shower	[tə teɪk ə 'ʃaʊə(r)]

banheira (f)	bathtub	['bɑ:θtʌb]
vaso (m) sanitário	toilet	['tɔɪlɪt]
pia (f)	sink, washbasin	[sɪŋk], ['wɒʃˌbeɪsən]

| sabonete (m) | soap | [səʊp] |
| saboneteira (f) | soap dish | ['səʊpdɪʃ] |

esponja (f)	sponge	[spʌndʒ]
xampu (m)	shampoo	[ʃæm'pu:]
toalha (f)	towel	['taʊəl]
roupão (m) de banho	bathrobe	['bɑ:θrəʊb]

| lavagem (f) | laundry | ['lɔ:ndrɪ] |
| lavadora (f) de roupas | washing machine | ['wɒʃɪŋ mə'ʃi:n] |

| lavar a roupa | to do the laundry | [tə du: ðə 'lɔːndrɪ] |
| detergente (m) | laundry detergent | ['lɔːndrɪ dɪ'tɜːdʒənt] |

68. Eletrodomésticos

televisor (m)	TV set	[ˌtiː'viː set]
gravador (m)	tape recorder	[teɪp rɪ'kɔːdə(r)]
videogravador (m)	video, VCR	['vɪdɪəʊ], [ˌviːsiː'ɑː(r)]
rádio (m)	radio	['reɪdɪəʊ]
leitor (m)	player	['pleɪə(r)]

projetor (m)	video projector	['vɪdɪəʊ prə'dʒektə(r)]
cinema (m) em casa	home movie theater	[həʊm 'muːvɪ 'θɪətə(r)]
DVD Player (m)	DVD player	[ˌdiːviː'diː 'pleɪə(r)]
amplificador (m)	amplifier	['æmplɪfaɪə]
console (f) de jogos	video game console	['vɪdɪəʊ geɪm 'kɒnsəʊl]

câmera (f) de vídeo	video camera	['vɪdɪəʊ 'kæmərə]
máquina (f) fotográfica	camera	['kæmərə]
câmera (f) digital	digital camera	['dɪdʒɪtəl 'kæmərə]

aspirador (m)	vacuum cleaner	['vækjʊəm 'kliːnə(r)]
ferro (m) de passar	iron	['aɪrən]
tábua (f) de passar	ironing board	['aɪrənɪŋ bɔːd]

telefone (m)	telephone	['telɪfəʊn]
celular (m)	cell phone	['selfəʊn]
máquina (f) de escrever	typewriter	['taɪpˌraɪtə(r)]
máquina (f) de costura	sewing machine	['səʊɪŋ mə'ʃiːn]

microfone (m)	microphone	['maɪkrəfəʊn]
fone (m) de ouvido	headphones	['hedfəʊnz]
controle remoto (m)	remote control	[rɪ'məʊt kən'trəʊl]

CD (m)	CD, compact disc	[ˌsiː'diː], [kəm'pækt dɪsk]
fita (f) cassete	cassette, tape	[kæ'set], [teɪp]
disco (m) de vinil	vinyl record	['vaɪnɪl 'rekɔːd]

ATIVIDADES HUMANAS

Emprego. Negócios. Parte 1

69. Escritório. O trabalho no escritório

escritório (~ de advogados)	office	['ɒfɪs]
escritório (do diretor, etc.)	office	['ɒfɪs]
secretário (m)	secretary	['sekrətərɪ]
secretária (f)	secretary	['sekrətərɪ]
diretor (m)	director	[dɪ'rektə(r)]
gerente (m)	manager	['mænɪdʒə(r)]
contador (m)	accountant	[ə'kaʊntənt]
empregado (m)	employee	[ɪm'plɔɪiː]
mobiliário (m)	furniture	['fɜːnɪtʃə(r)]
mesa (f)	desk	[desk]
cadeira (f)	desk chair	[desk ʃeə(r)]
gaveteiro (m)	drawer unit	[drɔːr 'juːnɪt]
cabideiro (m) de pé	coat stand	['kəʊt stænd]
computador (m)	computer	[kəm'pjuːtə(r)]
impressora (f)	printer	['prɪntə(r)]
fax (m)	fax machine	[fæks mə'ʃiːn]
fotocopiadora (f)	photocopier	['fəʊtəʊˌkɒpɪə]
papel (m)	paper	['peɪpə(r)]
artigos (m pl) de escritório	office supplies	['ɒfɪs sə'plaɪs]
tapete (m) para mouse	mouse pad	[maʊs pæd]
folha (f)	sheet of paper	[ʃiːt əv 'peɪpə]
catálogo (m)	catalog	['kætəlɒg]
lista (f) telefônica	phone directory	['fəʊn dɪ'rektərɪ]
documentação (f)	documentation	[ˌdɒkjʊmen'teɪʃən]
brochura (f)	brochure	[brəʊ'ʃʊr]
panfleto (m)	leaflet	['liːflɪt]
amostra (f)	sample	['sɑːmpəl]
formação (f)	training meeting	['treɪnɪŋ 'miːtɪŋ]
reunião (f)	meeting	['miːtɪŋ]
hora (f) de almoço	lunch time	['lʌntʃ ˌtaɪm]
fazer uma cópia	to make a copy	[tə meɪk ə 'kɒpɪ]
tirar cópias	to make multiple copies	[tə meɪk 'mʌltɪpəl 'kɒpɪs]
receber um fax	to receive a fax	[tə rɪ'siːv ə 'fæks]
enviar um fax	to send a fax	[tə ˌsend ə 'fæks]
fazer uma chamada	to call (vi, vt)	[tə kɔːl]
responder (vt)	to answer (vi, vt)	[tə 'ɑːnsə(r)]

passar (vt)	to put through	[tə pʊt θru:]
marcar (vt)	to arrange (vt)	[tə ə'reɪndʒ]
demonstrar (vt)	to demonstrate (vt)	[tə 'demənstreɪt]
estar ausente	to be absent	[tə bi 'æbsənt]
ausência (f)	absence	['æbsəns]

70. Processos negociais. Parte 1

negócio (m)	business	['bɪznɪs]
firma, empresa (f)	firm	[fɜ:m]
companhia (f)	company	['kʌmpənɪ]
corporação (f)	corporation	[ˌkɔ:pə'reɪʃən]
empresa (f)	enterprise	['entəpraɪz]
agência (f)	agency	['eɪdʒənsɪ]

acordo (documento)	agreement	[ə'gri:mənt]
contrato (m)	contract	['kɒntrækt]
acordo (transação)	deal	[di:l]
pedido (m)	order, command	['ɔ:də(r)], [kə'mɑ:nd]
termos (m pl)	terms	[tɜ:mz]

por atacado	wholesale	['həʊlseɪl]
por atacado (adj)	wholesale	['həʊlseɪl]
venda (f) por atacado	wholesale	['həʊlseɪl]
a varejo	retail	['ri:teɪl]
venda (f) a varejo	retail	['ri:teɪl]

concorrente (m)	competitor	[kəm'petɪtə(r)]
concorrência (f)	competition	[ˌkɒmpɪ'tɪʃən]
competir (vi)	to compete (vi)	[tə kəm'pi:t]

| sócio (m) | partner, associate | ['pɑ:tnə(r)], [ə'səʊʃɪət] |
| parceria (f) | partnership | ['pɑ:tnəʃɪp] |

crise (f)	crisis	['kraɪsɪs]
falência (f)	bankruptcy	['bæŋkrʌptsɪ]
entrar em falência	to go bankrupt	[tə gəʊ 'bæŋkrʌpt]
dificuldade (f)	difficulty	['dɪfɪkəltɪ]
problema (m)	problem	['prɒbləm]
catástrofe (f)	catastrophe	[kə'tæstrəfɪ]

economia (f)	economy	[ɪ'kɒnəmɪ]
econômico (adj)	economic	[ˌi:kə'nɒmɪk]
recessão (f) econômica	economic recession	[ˌi:kə'nɒmɪk rɪ'seʃən]

| objetivo (m) | goal | [gəʊl] |
| tarefa (f) | task | [tɑ:sk] |

comerciar (vi, vt)	to trade (vi)	[tə treɪd]
rede (de distribuição)	network	['netwɜ:k]
estoque (m)	inventory, stock	['ɪnvəntərɪ], [stɒk]
sortimento (m)	range, assortment	[reɪndʒ], [ə'sɔ:tmənt]
líder (m)	leader	['li:də(r)]
grande (~ empresa)	big, large	[bɪg], [lɑ:dʒ]

monopólio (m)	monopoly	[mə'nɒpəlı]
teoria (f)	theory	['θıərı]
prática (f)	practice	['præktıs]
experiência (f)	experience	[ık'spıərıəns]
tendência (f)	trend	[trend]
desenvolvimento (m)	development	[dı'veləpmənt]

71. Processos negociais. Parte 2

| rentabilidade (f) | profit | ['prɒfıt] |
| rentável (adj) | profitable | ['prɒfıtəbəl] |

delegação (f)	delegation	[ˌdelı'geıʃən]
salário, ordenado (m)	salary	['sælərı]
corrigir (~ um erro)	to correct (vt)	[tə kə'rekt]
viagem (f) de negócios	business trip	['bıznıs trıp]
comissão (f)	commission	[kə'mıʃən]

controlar (vt)	to control (vt)	[tə kən'trəʊl]
conferência (f)	conference	['kɒnfərəns]
licença (f)	license	['laısəns]
confiável (adj)	reliable	[rı'laıəbəl]

empreendimento (m)	initiative	[ı'nıʃətıv]
norma (f)	norm	[nɔːm]
circunstância (f)	circumstance	['sɜːkəmstəns]
dever (do empregado)	duty	['djuːtı]

empresa (f)	organization	[ˌɔːɡənaı'zeıʃən]
organização (f)	organization	[ˌɔːɡənaı'zeıʃən]
organizado (adj)	organized	['ɔːɡənaızd]
anulação (f)	cancellation	[ˌkænsə'leıʃən]
anular, cancelar (vt)	to cancel (vt)	[tə 'kænsəl]
relatório (m)	report	[rı'pɔːt]

patente (f)	patent	['pætənt]
patentear (vt)	to patent (vt)	[tə 'pætənt]
planejar (vt)	to plan (vt)	[tə plæn]

bônus (m)	bonus	['bəʊnəs]
profissional (adj)	professional	[prə'feʃənəl]
procedimento (m)	procedure	[prə'siːdʒə(r)]

examinar (~ a questão)	to examine (vt)	[tə ıɡ'zæmın]
cálculo (m)	calculation	[ˌkælkjʊ'leıʃən]
reputação (f)	reputation	[ˌrepjʊ'teıʃən]
risco (m)	risk	[rısk]

dirigir (~ uma empresa)	to manage (vt)	[tə 'mænıdʒ]
informação (f)	information	[ˌınfə'meıʃən]
propriedade (f)	property	['prɒpətı]
união (f)	union	['juːnıən]
seguro (m) de vida	life insurance	[laıf ın'ʃʊə:rəns]
fazer um seguro	to insure (vt)	[tu ın'ʃʊə:(r)]

seguro (m)	insurance	[ɪnˈʃuə:rəns]
leilão (m)	auction	[ˈɔ:kʃən]
notificar (vt)	to notify (vt)	[tə ˈnəʊtɪfaɪ]
gestão (f)	management	[ˈmænɪʤmənt]
serviço (indústria de ~s)	service	[ˈsɜ:vɪs]

fórum (m)	forum	[ˈfɔ:rəm]
funcionar (vi)	to function (vi)	[tə ˈfʌŋkʃən]
estágio (m)	stage	[steɪʤ]
jurídico, legal (adj)	legal	[ˈli:gəl]
advogado (m)	lawyer	[ˈlɔ:jə(r)]

72. Produção. Trabalhos

usina (f)	plant	[plɑ:nt]
fábrica (f)	factory	[ˈfæktərɪ]
oficina (f)	workshop	[ˈwɜ:kʃɒp]
local (m) de produção	production site	[prəˈdʌkʃən saɪt]

indústria (f)	industry	[ˈɪndʌstrɪ]
industrial (adj)	industrial	[ɪnˈdʌstrɪəl]
indústria (f) pesada	heavy industry	[ˈhevɪ ˈɪndʌstrɪ]
indústria (f) ligeira	light industry	[laɪt ˈɪndʌstrɪ]

produção (f)	products	[ˈprɒdʌkts]
produzir (vt)	to produce (vt)	[tə prəˈdju:s]
matérias-primas (f pl)	raw materials	[rɔ: məˈtɪərɪəlz]

chefe (m) de obras	foreman	[ˈfɔ:mən]
equipe (f)	workers team	[ˈwɜ:kəz ti:m]
operário (m)	worker	[ˈwɜ:kə(r)]

dia (m) de trabalho	working day	[ˈwɜ:kɪŋ deɪ]
intervalo (m)	pause, break	[pɔ:z], [breɪk]
reunião (f)	meeting	[ˈmi:tɪŋ]
discutir (vt)	to discuss (vt)	[tə dɪsˈkʌs]

plano (m)	plan	[plæn]
cumprir o plano	to fulfill the plan	[tə fʊlˈfɪl ðə plæn]
taxa (f) de produção	rate of output	[reɪt əv ˈaʊtpʊt]
qualidade (f)	quality	[ˈkwɒlɪtɪ]
controle (m)	checking	[ˈʧekɪŋ]
controle (m) da qualidade	quality control	[ˈkwɒlɪtɪ kənˈtrəʊl]

segurança (f) no trabalho	workplace safety	[ˈwɜ:kpleɪs ˈseɪftɪ]
disciplina (f)	discipline	[ˈdɪsɪplɪn]
infração (f)	violation	[ˌvaɪəˈleɪʃən]
violar (as regras)	to violate (vt)	[təˈvaɪəleɪt]

greve (f)	strike	[straɪk]
grevista (m)	striker	[ˈstraɪkə(r)]
estar em greve	to be on strike	[tə bi ɒn straɪk]
sindicato (m)	labor union	[ˈleɪbə ˈju:nɪən]
inventar (vt)	to invent (vt)	[tə ɪnˈvent]

invenção (f)	invention	[ɪn'venʃən]
pesquisa (f)	research	[rɪ'sɜːtʃ]
melhorar (vt)	to improve (vt)	[tu ɪm'pruːv]
tecnologia (f)	technology	[tek'nɒlədʒɪ]
desenho (m) técnico	technical drawing	['teknɪkəl 'drɔːɪŋ]

carga (f)	load, cargo	[ləʊd], ['kɑːgəʊ]
carregador (m)	loader	['ləʊdə(r)]
carregar (o caminhão, etc.)	to load (vt)	[tə ləʊd]
carregamento (m)	loading	['ləʊdɪŋ]

descarregar (vt)	to unload (vi, vt)	[tə ˌʌn'ləʊd]
descarga (f)	unloading	[ˌʌn'ləʊdɪŋ]

transporte (m)	transportation	[ˌtrænspɔː'teɪʃən]
companhia (f) de transporte	transportation company	[ˌtrænspɔː'teɪʃən 'kʌmpənɪ]
transportar (vt)	to transport (vt)	[tə træn'spɔːt]

vagão (m) de carga	freight car	[freɪt kɑː(r)]
tanque (m)	tank	[tæŋk]
caminhão (m)	truck	[trʌk]

máquina (f) operatriz	machine tool	[mə'ʃiːn tuːl]
mecanismo (m)	mechanism	['mekənɪzəm]

resíduos (m pl) industriais	industrial waste	[ɪn'dʌstrɪəl weɪst]
embalagem (f)	packing	['pækɪŋ]
embalar (vt)	to pack (vt)	[tə pæk]

73. Contrato. Acordo

contrato (m)	contract	['kɒntrækt]
acordo (m)	agreement	[ə'griːmənt]
adendo, anexo (m)	addendum	[ə'dendəm]

assinar o contrato	to sign a contract	[tə saɪn ə 'kɒntrækt]
assinatura (f)	signature	['sɪgnətʃə(r)]

assinar (vt)	to sign (vt)	[tə saɪn]
carimbo (m)	stamp, seal	[stæmp], [siːl]

objeto (m) do contrato	subject of the contract	['sʌbdʒɪkt əv ðə 'kɒntrækt]
cláusula (f)	clause	[klɔːz]

partes (f pl)	parties	['pɑːtɪz]
domicílio (m) legal	legal address	['liːgəl ə'dres]

violar o contrato	to violate the contract	[tə 'vaɪəleɪt ðə 'kɒntrækt]
obrigação (f)	commitment	[kə'mɪtmənt]

responsabilidade (f)	responsibility	[rɪˌspɒnsə'bɪlɪtɪ]
força (f) maior	force majeure	[fɔːs mæ'ʒɜː]
litígio (m), disputa (f)	dispute	[dɪ'spjuːt]
multas (f pl)	penalties	['penəltɪz]

74. Importação & Exportação

importação (f)	import	['ɪmpɔːt]
importador (m)	importer	[ɪm'pɔːtə(r)]
importar (vt)	to import (vt)	[tə ɪm'pɔːt]
de importação	import	['ɪmpɔːt]
exportação (f)	export	['ekspɔːt]
exportador (m)	exporter	[ek'spɔːtə(r)]
exportar (vt)	to export (vi, vt)	[tə ɪk'spɔːt]
de exportação	export	['ekspɔːt]
mercadoria (f)	goods	[gʊdz]
lote (de mercadorias)	consignment, lot	[ˌkən'saɪnmənt], [lɒt]
peso (m)	weight	[weɪt]
volume (m)	volume	['vɒljuːm]
metro (m) cúbico	cubic meter	['kjuːbɪk 'miːtə(r)]
produtor (m)	manufacturer	[ˌmænjʊ'fæktʃərə(r)]
companhia (f) de transporte	transportation company	[ˌtrænspɔː'teɪʃən 'kʌmpənɪ]
contêiner (m)	container	[kən'teɪnə(r)]
fronteira (f)	border	['bɔːdə(r)]
alfândega (f)	customs	['kʌstəmz]
taxa (f) alfandegária	customs duty	['kʌstəmz 'djuːtɪ]
funcionário (m) da alfândega	customs officer	['kʌstəmz 'ɒfɪsə(r)]
contrabando (atividade)	smuggling	['smʌglɪŋ]
contrabando (produtos)	contraband	['kɒntrəbænd]

75. Finanças

ação (f)	stock, share	[stɒk], [ʃeə(r)]
obrigação (f)	bond	[bɒnd]
nota (f) promissória	promissory note	['prɒmɪsərɪ nəʊt]
bolsa (f) de valores	stock exchange	[stɒk ɪks'ʧeɪndʒ]
cotação (m) das ações	stock price	[stɒk praɪs]
tornar-se mais barato	to go down	[tə gəʊ daʊn]
tornar-se mais caro	to go up	[tə gəʊ ʌp]
parte (f)	share	[ʃeə(r)]
participação (f) majoritária	controlling interest	[kən'trəʊlɪŋ 'ɪntrəst]
investimento (m)	investment	[ɪn'vestmənt]
investir (vt)	to invest (vi, vt)	[tu ɪn'vest]
porcentagem (f)	percent	[pə'sent]
juros (m pl)	interest	['ɪntrəst]
lucro (m)	profit	['prɒfɪt]
lucrativo (adj)	profitable	['prɒfɪtəbəl]
imposto (m)	tax	[tæks]

divisa (f)	currency	['kʌrənsɪ]
nacional (adj)	national	['næʃənəl]
câmbio (m)	exchange	[ɪks'tʃeɪndʒ]

| contador (m) | accountant | [ə'kaʊntənt] |
| contabilidade (f) | accounting | [ə'kaʊnts dɪ'pɑːtmənt] |

falência (f)	bankruptcy	['bæŋkrʌptsɪ]
estar quebrado	to be ruined	[tə biː 'ruːɪnd]
inflação (f)	inflation	[ɪn'fleɪʃən]
desvalorização (f)	devaluation	['diːˌvælju'eɪʃən]

capital (m)	capital	['kæpɪtəl]
rendimento (m)	income	['ɪŋkʌm]
volume (m) de negócios	turnover	['tɜːnˌəʊvə(r)]
recursos (m pl)	resources	[rɪ'sɔːsɪz]
recursos (m pl) financeiros	monetary resources	['mʌnɪtərɪ rɪ'sɔːsɪz]

| despesas (f pl) gerais | overhead | ['əʊvəhed] |
| reduzir (vt) | to reduce (vt) | [tə rɪ'djuːs] |

76. Marketing

marketing (m)	marketing	['mɑːkɪtɪŋ]
mercado (m)	market	['mɑːkɪt]
segmento (m) do mercado	market segment	['mɑːkɪt 'segmənt]
produto (m)	product	['prɒdʌkt]
mercadoria (f)	goods	[gʊdz]

marca (f)	brand	[brænd]
marca (f) registrada	trade mark	[treɪd mɑːk]
logo (m)	logo	['ləʊgəʊ]

demanda (f)	demand	[dɪ'mɑːnd]
oferta (f)	supply	[sə'plaɪ]
necessidade (f)	need	[niːd]
consumidor (m)	consumer	[kən'sjuːmə(r)]

análise (f)	analysis	[ə'næləsɪs]
analisar (vt)	to analyze (vt)	[tu 'ænəlaɪz]
posicionamento (m)	positioning	[pə'zɪʃənɪŋ]
posicionar (vt)	to position (vt)	[tə pə'zɪʃən]

preço (m)	price	[praɪs]
política (f) de preços	pricing policy	['praɪsɪŋ 'pɒləsɪ]
formação (f) de preços	price formation	[praɪs fɔː'meɪʃən]

77. Publicidade

publicidade (f)	advertising	['ædvətaɪzɪŋ]
fazer publicidade	to advertise (vt)	[tə 'ædvətaɪz]
orçamento (m)	budget	['bʌdʒɪt]

anúncio (m)	advertisement	[ˌædvəˈtaɪzmənt]
publicidade (f) na TV	TV advertising	[ˌtiːˈviː ˈædvətaɪzɪŋ]
publicidade (f) na rádio	radio advertising	[ˈreɪdɪəʊ ˈædvətaɪzɪŋ]
publicidade (f) exterior	outdoor advertising	[ˈaʊtdɔː(r) ˈædvətaɪzɪŋ]

comunicação (f) de massa	mass media	[mæs ˈmiːdɪə]
periódico (m)	periodical	[ˌpɪərɪˈɒdɪkəl]
imagem (f)	image	[ˈɪmɪdʒ]

| slogan (m) | slogan | [ˈsləʊɡən] |
| mote (m), lema (f) | motto | [ˈmɒtəʊ] |

campanha (f)	campaign	[kæmˈpeɪn]
campanha (f) publicitária	advertising campaign	[ˈædvətaɪzɪŋ kæmˈpeɪn]
grupo (m) alvo	target group	[ˈtɑːɡɪt gruːp]

cartão (m) de visita	business card	[ˈbɪznɪs kɑːd]
panfleto (m)	leaflet	[ˈliːflɪt]
brochura (f)	brochure	[brəʊˈʃʊr]
folheto (m)	pamphlet	[ˈpæmflɪt]
boletim (~ informativo)	newsletter	[ˈnjuːzˌletə(r)]

letreiro (m)	signboard	[ˈsaɪnbɔːd]
cartaz, pôster (m)	poster	[ˈpəʊstə(r)]
painel (m) publicitário	billboard	[ˈbɪlbɔːd]

78. Banca

banco (m)	bank	[bæŋk]
balcão (f)	branch	[brɑːntʃ]

| consultor (m) bancário | clerk, consultant | [klɜːk], [kənˈsʌltənt] |
| gerente (m) | manager | [ˈmænɪdʒə(r)] |

conta (f)	bank account	[bæŋk əˈkaʊnt]
número (m) da conta	account number	[əˈkaʊnt ˈnʌmbə(r)]
conta (f) corrente	checking account	[ˈtʃekɪŋ əˈkaʊnt]
conta (f) poupança	savings account	[ˈseɪvɪŋz əˈkaʊnt]

| abrir uma conta | to open an account | [tu ˈəʊpən ən əˈkaʊnt] |
| fechar uma conta | to close the account | [tə kləʊz ðɪ əˈkaʊnt] |

depósito (m)	deposit	[dɪˈpɒzɪt]
fazer um depósito	to make a deposit	[tə meɪk ə dɪˈpɒzɪt]
transferência (f) bancária	wire transfer	[ˈwaɪə ˈtrænsfɜː(r)]
transferir (vt)	to wire, to transfer	[tə ˈwaɪə], [tə trænsˈfɜː]

| soma (f) | sum | [sʌm] |
| Quanto? | How much? | [ˌhaʊ ˈmʌtʃ] |

assinatura (f)	signature	[ˈsɪɡnətʃə(r)]
assinar (vt)	to sign (vt)	[tə saɪn]
cartão (m) de crédito	credit card	[ˈkredɪt kɑːd]
senha (f)	code	[kəʊd]

71

| número (m) do cartão de crédito | credit card number | ['kredɪt kɑːd 'nʌmbə(r)] |
| caixa (m) eletrônico | ATM | [ˌeɪtiː'em] |

cheque (m)	check	[ʧek]
passar um cheque	to write a check	[tə ˌraɪt ə 'ʧek]
talão (m) de cheques	checkbook	['ʧekˌbʊk]

empréstimo (m)	loan	[ləʊn]
pedir um empréstimo	to apply for a loan	[tə ə'plaɪ fɔːrə ləʊn]
obter empréstimo	to get a loan	[tə get ə ləʊn]
dar um empréstimo	to give a loan	[tə gɪv ə ləʊn]
garantia (f)	guarantee	[ˌgærən'tiː]

79. Telefone. Conversação telefônica

telefone (m)	telephone	['telɪfəʊn]
celular (m)	cell phone	['selfəʊn]
secretária (f) eletrônica	answering machine	['ɑːnsərɪŋ mə'ʃiːn]

| fazer uma chamada | to call (vi, vt) | [tə kɔːl] |
| chamada (f) | phone call | [fəʊn kɔːl] |

discar um número	to dial a number	[tə 'daɪəl ə 'nʌmbə(r)]
Alô!	Hello!	[hə'ləʊ]
perguntar (vt)	to ask (vt)	[tə ɑːsk]
responder (vt)	to answer (vi, vt)	[tə 'ɑːnsə(r)]

ouvir (vt)	to hear (vt)	[tə hɪə(r)]
bem	well	[wel]
mal	not well	[nɒt wel]
ruído (m)	noises	[nɔɪzɪz]
fone (m)	receiver	[rɪ'siːvə(r)]
pegar o telefone	to pick up the phone	[tə pɪk ʌp ðə fəʊn]
desligar (vi)	to hang up	[tə hæŋg ʌp]

ocupado (adj)	busy	['bɪzɪ]
tocar (vi)	to ring (vi)	[tə rɪŋ]
lista (f) telefônica	telephone book	['telɪfəʊn bʊk]

local (adj)	local	['ləʊkəl]
chamada (f) local	local call	['ləʊkəl kɔːl]
de longa distância	long distance	[lɒŋ 'dɪstəns]
chamada (f) de longa distância	long distance call	[lɒŋ 'dɪstəns kɔːl]
internacional (adj)	international	[ˌɪntə'næʃənəl]
chamada (f) internacional	international call	[ˌɪntə'næʃənəl kɔːl]

80. Telefone móvel

| celular (m) | cell phone | ['selfəʊn] |
| tela (f) | display | [dɪ'spleɪ] |

| botão (m) | button | ['bʌtən] |
| cartão SIM (m) | SIM card | [sɪm kɑːd] |

bateria (f)	battery	['bætərɪ]
descarregar-se (vr)	to be dead	[tə bi ded]
carregador (m)	charger	['ʧɑːdʒə(r)]

menu (m)	menu	['menjuː]
configurações (f pl)	settings	['setɪŋz]
melodia (f)	tune	[tjuːn]
escolher (vt)	to select (vt)	[tə sɪ'lekt]

calculadora (f)	calculator	['kælkjʊleɪtə(r)]
correio (m) de voz	voice mail	[vɔɪs meɪl]
despertador (m)	alarm clock	[ə'lɑːm klɒk]
contatos (m pl)	contacts	['kɒntækts]

| mensagem (f) de texto | SMS | [ˌesem'es] |
| assinante (m) | subscriber | [səb'skraɪbə(r)] |

81. Estacionário

| caneta (f) | ballpoint pen | ['bɔːlpɔɪnt pen] |
| caneta (f) tinteiro | fountain pen | ['faʊntɪn pen] |

lápis (m)	pencil	['pensəl]
marcador (m) de texto	highlighter	['haɪlaɪtə(r)]
caneta (f) hidrográfica	felt-tip pen	[felt tɪp pen]

| bloco (m) de notas | notepad | ['nəʊtpæd] |
| agenda (f) | agenda | [ə'dʒendə] |

régua (f)	ruler	['ruːlə(r)]
calculadora (f)	calculator	['kælkjʊleɪtə(r)]
borracha (f)	eraser	[ɪ'reɪsə(r)]
alfinete (m)	thumbtack	['θʌmtæk]
clipe (m)	paper clip	['peɪpə klɪp]

cola (f)	glue	[gluː]
grampeador (m)	stapler	['steɪplə(r)]
furador (m) de papel	hole punch	[həʊl pʌnʧ]
apontador (m)	pencil sharpener	['pensəl 'ʃɑːpənə(r)]

82. Tipos de negócios

serviços (m pl) de contabilidade	accounting services	[ə'kaʊntɪŋ 'sɜːvɪsɪz]
publicidade (f)	advertising	['ædvətaɪzɪŋ]
agência (f) de publicidade	advertising agency	['ædvətaɪzɪŋ 'eɪdʒənsɪ]
ar (m) condicionado	air-conditioners	[eə kən'dɪʃənəz]
companhia (f) aérea	airline	['eəlaɪn]
bebidas (f pl) alcoólicas	alcoholic beverages	[ˌælkə'hɒlɪk 'bevərɪdʒɪz]

comércio (m) de antiguidades	antiquities	[æn'tıkwətız]
galeria (f) de arte	art gallery	[ɑːt 'gælərı]
serviços (m pl) de auditoria	audit services	['ɔːdıt 'sɜːvısız]

negócios (m pl) bancários	banking industry	['bæŋkıŋ 'ındʌstrı]
bar (m)	pub, bar	[pʌb], [bɑː(r)]
salão (m) de beleza	beauty parlor	['bjuːtı 'pɑːlə(r)]
livraria (f)	bookstore	['bʊkstɔː(r)]
cervejaria (f)	brewery	['brʊərı]
centro (m) de escritórios	business center	['bıznıs 'sentə(r)]
escola (f) de negócios	business school	['bıznıs skuːl]

cassino (m)	casino	[kə'siːnəʊ]
construção (f)	construction	[kən'strʌkʃən]
consultoria (f)	consulting	[kən'sʌltıŋ]

clínica (f) dentária	dental clinic	['dentəl 'klınık]
design (m)	design	[dı'zaın]
drogaria (f)	drugstore, pharmacy	['drʌgstɔː(r)], ['fɑːməsı]
lavanderia (f)	dry cleaners	[ˌdraı 'kliːnəz]
agência (f) de emprego	employment agency	[ım'plɔımənt 'eıdʒənsı]

serviços (m pl) financeiros	financial services	[faı'nænʃəl 'sɜːvısız]
alimentos (m pl)	food products	[fuːd 'prɒdʌkts]
funerária (f)	funeral home	['fjuːnərəl həʊm]
mobiliário (m)	furniture	['fɜːnıtʃə(r)]
roupa (f)	clothing, garment	['kləʊðıŋ], ['gɑːmənt]
hotel (m)	hotel	[həʊ'tel]

sorvete (m)	ice-cream	[aıs kriːm]
indústria (f)	industry	['ındʌstrı]
seguro (~ de vida, etc.)	insurance	[ın'ʃʊərəns]
internet (f)	Internet	['ıntənet]
investimento (m)	investments	[ın'vestmənts]

joalheiro (m)	jeweler	['dʒuːələ(r)]
joias (f pl)	jewelry	['dʒuːəlrı]
lavanderia (f)	laundry	['lɔːndrı]
assessorias (f pl) jurídicas	legal advisor	['liːgəl əd'vaızə(r)]
indústria (f) ligeira	light industry	[laıt 'ındʌstrı]

revista (f)	magazine	[ˌmægə'ziːn]
vendas (f pl) por catálogo	mail order selling	[meıl 'ɔːdə 'selıŋ]
medicina (f)	medicine	['medsın]
cinema (m)	movie theater	['muːvı 'θıətə(r)]
museu (m)	museum	[mju:'ziːəm]

agência (f) de notícias	news agency	[nju:z 'eıdʒənsı]
jornal (m)	newspaper	['nju:zˌpeıpə(r)]
boate (casa noturna)	nightclub	[naıt klʌb]

petróleo (m)	oil, petroleum	[ɔıl], [pı'trəʊlıəm]
serviços (m pl) de remessa	courier services	['kʊrıə(r) 'sɜːvısız]
indústria (f) farmacêutica	pharmaceutics	[ˌfɑːmə'sjuːtıks]
tipografia (f)	printing	['prıntıŋ]
editora (f)	publishing house	['pʌblıʃıŋ ˌhaʊs]

rádio (m)	radio	['reɪdɪəʊ]
imobiliário (m)	real estate	[rɪəl ɪ'steɪt]
restaurante (m)	restaurant	['restrɒnt]

empresa (f) de segurança	security company	[sɪ'kjʊərətɪ 'kʌmpənɪ]
esporte (m)	sports	[spɔ:ts]
bolsa (f) de valores	stock exchange	[stɒk ɪks'tʃeɪndʒ]
loja (f)	store	[stɔ:(r)]
supermercado (m)	supermarket	['su:pə͵mɑːkɪt]
piscina (f)	swimming pool	['swɪmɪŋ pu:l]

alfaiataria (f)	tailors	['teɪləz]
televisão (f)	television	['telɪ͵vɪʒən]
teatro (m)	theater	['θɪətə(r)]
comércio (m)	trade	[treɪd]
serviços (m pl) de transporte	transportation	[͵trænspɔ:'teɪʃən]
viagens (f pl)	travel	['trævəl]

veterinário (m)	veterinarian	[͵vetərɪ'neərɪən]
armazém (m)	warehouse	['weəhaʊs]
recolha (f) do lixo	waste collection	[weɪst kə'lekʃən]

Emprego. Negócios. Parte 2

83. Espetáculo. Feira

feira, exposição (f)	exhibition, show	[ˌeksɪ'bɪʃən], [ʃəʊ]
feira (f) comercial	trade show	[treɪd ʃəʊ]
participação (f)	participation	[pɑːˌtɪsɪ'peɪʃən]
participar (vi)	to participate (vi)	[tə pɑː'tɪsɪpeɪt]
participante (m)	participant	[pɑː'tɪsɪpənt]
diretor (m)	director	[dɪ'rektə(r)]
organizador (m)	organizer	['ɔːgənaɪzə(r)]
organizar (vt)	to organize (vt)	[tə 'ɔːgənaɪz]
ficha (f) de inscrição	participation form	[pɑːˌtɪsɪ'peɪʃən fɔːm]
preencher (vt)	to fill out (vt)	[tə fɪl 'aʊt]
detalhes (m pl)	details	[dɪ'teɪlz]
informação (f)	information	[ˌɪnfə'meɪʃən]
preço (m)	price	[praɪs]
incluindo	including	[ɪn'kluːdɪŋ]
incluir (vt)	to include (vt)	[tu ɪn'kluːd]
pagar (vt)	to pay (vi, vt)	[tə peɪ]
taxa (f) de inscrição	registration fee	[ˌredʒɪ'streɪʃən fiː]
entrada (f)	entrance	['entrəns]
pavilhão (m), salão (f)	pavilion, hall	[pə'vɪljən], [hɔːl]
inscrever (vt)	to register (vt)	[tə 'redʒɪstə(r)]
crachá (m)	badge	[bædʒ]
stand (m)	booth, stand	[buːθ], [stænd]
reservar (vt)	to reserve, to book	[tə rɪ'zɜːv], [tə bʊk]
vitrine (f)	display case	[dɪ'spleɪ keɪs]
lâmpada (f)	spotlight	['spɒtlaɪt]
design (m)	design	[dɪ'zaɪn]
pôr (posicionar)	to place (vt)	[tə pleɪs]
ser colocado, -a	to be placed	[tə bi pleɪst]
distribuidor (m)	distributor	[dɪ'strɪbjʊtə(r)]
fornecedor (m)	supplier	[sə'plaɪə(r)]
fornecer (vt)	to supply (vt)	[tə sə'plaɪ]
país (m)	country	['kʌntrɪ]
estrangeiro (adj)	foreign	['fɒrən]
produto (m)	product	['prɒdʌkt]
associação (f)	association	[əˌsəʊsɪ'eɪʃən]
sala (f) de conferência	conference hall	['kɒnfərəns hɔːl]
congresso (m)	congress	['kɒŋgres]

concurso (m)	contest	['kɒntest]
visitante (m)	visitor	['vɪzɪtə(r)]
visitar (vt)	to visit (vt)	[tə 'vɪzɪt]
cliente (m)	customer	['kʌstəmə(r)]

84. Ciência. Investigação. Cientistas

ciência (f)	science	['saɪəns]
científico (adj)	scientific	[ˌsaɪən'tɪfɪk]
cientista (m)	scientist	['saɪəntɪst]
teoria (f)	theory	['θɪərɪ]

axioma (m)	axiom	['æksɪəm]
análise (f)	analysis	[ə'næləsɪs]
analisar (vt)	to analyze (vt)	[tu 'ænəlaɪz]
argumento (m)	argument	['ɑːgjʊmənt]
substância (f)	substance	['sʌbstəns]

hipótese (f)	hypothesis	[haɪ'pɒθɪsɪs]
dilema (m)	dilemma	[dɪ'lemə]
tese (f)	dissertation	[ˌdɪsə'teɪʃən]
dogma (m)	dogma	['dɒgmə]

doutrina (f)	doctrine	['dɒktrɪn]
pesquisa (f)	research	[rɪ'sɜːtʃ]
pesquisar (vt)	to research (vt)	[tə rɪ'sɜːtʃ]
testes (m pl)	tests	[tests]
laboratório (m)	laboratory	['læbrəˌtɔːrɪ]

método (m)	method	['meθəd]
molécula (f)	molecule	['mɒlɪkjuːl]
monitoramento (m)	monitoring	['mɒnɪtərɪŋ]
descoberta (f)	discovery	[dɪ'skʌvərɪ]

postulado (m)	postulate	['pɒstjʊlət]
princípio (m)	principle	['prɪnsɪpəl]
prognóstico (previsão)	forecast	['fɔːkɑːst]
prognosticar (vt)	to forecast (vt)	[tə 'fɔːkɑːst]

síntese (f)	synthesis	['sɪnθəsɪs]
tendência (f)	trend	[trend]
teorema (m)	theorem	['θɪərəm]

ensinamentos (m pl)	teachings	['tiːtʃɪŋz]
fato (m)	fact	[fækt]
expedição (f)	expedition	[ˌekspɪ'dɪʃən]
experiência (f)	experiment	[ɪk'sperɪmənt]

acadêmico (m)	academician	[əˌkædə'mɪʃən]
bacharel (m)	bachelor	['bætʃələ(r)]
doutor (m)	doctor, PhD	['dɒktə(r)], [ˌpiː'eɪtʃ'diː]
professor (m) associado	Associate Professor	[ə'səʊʃɪət prə'fesə(r)]
mestrado (m)	master	['mɑːstə(r)]
professor (m)	professor	[prə'fesə(r)]

Profissões e ocupações

85. Procura de emprego. Demissão

trabalho (m)	job	[dʒɒb]
equipe (f)	staff	[stɑːf]
pessoal (m)	personnel	[ˌpɜːsəˈnel]
carreira (f)	career	[kəˈrɪə(r)]
perspectivas (f pl)	prospects	[ˈprɒspekts]
habilidades (f pl)	skills, mastery	[skɪls], [ˈmɑːstərɪ]
seleção (f)	selection	[sɪˈlekʃən]
agência (f) de emprego	employment agency	[ɪmˈplɔɪmənt ˈeɪdʒənsɪ]
currículo (m)	résumé	[ˈrezjuːmeɪ]
entrevista (f) de emprego	job interview	[ˈdʒɒb ˌɪntəvjuː]
vaga (f)	vacancy, opening	[ˈveɪkənsɪ], [ˈəʊpənɪŋ]
salário (m)	salary, pay	[ˈsælərɪ], [peɪ]
pagamento (m)	pay, compensation	[peɪ], [ˌkɒmpenˈseɪʃən]
cargo (m)	position	[pəˈzɪʃən]
dever (do empregado)	duty	[ˈdjuːtɪ]
gama (f) de deveres	range of duties	[reɪndʒ əv ˈdjuːtɪz]
ocupado (adj)	busy	[ˈbɪzɪ]
despedir, demitir (vt)	to fire, to dismiss	[tə ˈfaɪə], [tə dɪsˈmɪs]
demissão (f)	dismissal	[dɪsˈmɪsəl]
desemprego (m)	unemployment	[ˌʌnɪmˈplɔɪmənt]
desempregado (m)	unemployed	[ˌʌnɪmˈplɔɪd]
aposentadoria (f)	retirement	[rɪˈtaɪəmənt]
aposentar-se (vr)	to retire (vi)	[tə rɪˈtaɪə(r)]

86. Gente de negócios

diretor (m)	director	[dɪˈrektə(r)]
gerente (m)	manager	[ˈmænɪdʒə(r)]
patrão, chefe (m)	boss	[bɒs]
superior (m)	superior	[suːˈpɪərɪə]
superiores (m pl)	superiors	[suːˈpɪərɪərz]
presidente (m)	president	[ˈprezɪdənt]
chairman (m)	chairman	[ˈtʃeəmən]
substituto (m)	deputy	[ˈdepjutɪ]
assistente (m)	assistant	[əˈsɪstənt]
secretário (m)	secretary	[ˈsekrətərɪ]

secretário (m) pessoal	personal assistant	['pɜːsənəl ə'sɪstənt]
homem (m) de negócios	businessman	['bɪznɪsmæn]
empreendedor (m)	entrepreneur	[ˌɒntrəprə'nɜː(r)]
fundador (m)	founder	['faʊndə(r)]
fundar (vt)	to found (vt)	[tə faʊnd]
principiador (m)	incorporator	[ɪn'kɔːpəreɪtə]
parceiro, sócio (m)	partner	['pɑːtnə(r)]
acionista (m)	stockholder	['stɒkˌhəʊldə(r)]
milionário (m)	millionaire	[ˌmɪljə'neə(r)]
bilionário (m)	billionaire	[ˌbɪljə'neə(r)]
proprietário (m)	owner	['əʊnə(r)]
proprietário (m) de terras	landowner	['lændˌəʊnə(r)]
cliente (m)	client	['klaɪənt]
cliente (m) habitual	regular client	['regjʊlə 'klaɪənt]
comprador (m)	buyer	['baɪə(r)]
visitante (m)	visitor	['vɪzɪtə(r)]
profissional (m)	professional	[prə'feʃənəl]
perito (m)	expert	['ekspɜːt]
especialista (m)	specialist	['speʃəlɪst]
banqueiro (m)	banker	['bæŋkə(r)]
corretor (m)	broker	['brəʊkə(r)]
caixa (m, f)	cashier, teller	[kæ'ʃɪə], ['telə]
contador (m)	accountant	[ə'kaʊntənt]
guarda (m)	security guard	[sɪ'kjʊərətɪ gɑːd]
investidor (m)	investor	[ɪn'vestə(r)]
devedor (m)	debtor	['detə(r)]
credor (m)	creditor	['kredɪtə(r)]
mutuário (m)	borrower	['bɒrəʊə(r)]
importador (m)	importer	[ɪm'pɔːtə(r)]
exportador (m)	exporter	[ek'spɔːtə(r)]
produtor (m)	manufacturer	[ˌmænjʊ'fæktʃərə(r)]
distribuidor (m)	distributor	[dɪ'strɪbjʊtə(r)]
intermediário (m)	middleman	['mɪdəlmæn]
consultor (m)	consultant	[kən'sʌltənt]
representante comercial	sales representative	['seɪlz ˌreprɪ'zentətɪv]
agente (m)	agent	['eɪdʒənt]
agente (m) de seguros	insurance agent	[ɪn'ʃʊərəns 'eɪdʒənt]

87. Profissões de serviços

cozinheiro (m)	cook	[kʊk]
chefe (m) de cozinha	chef	[ʃef]
barman (m)	bartender	['bɑːrˌtendə(r)]
garçom (m)	waiter	['weɪtə(r)]

garçonete (f)	waitress	['weɪtrɪs]
advogado (m)	lawyer, attorney	['lɔːjə(r)], [ə'tɜːnɪ]
jurista (m)	lawyer	['lɔːjə(r)]
notário (m)	notary public	['nəʊtərɪ 'pʌblɪk]

eletricista (m)	electrician	[ˌɪlek'trɪʃən]
encanador (m)	plumber	['plʌmə(r)]
carpinteiro (m)	carpenter	['kɑːpəntə(r)]

massagista (m)	masseur	[mæ'sʊər]
massagista (f)	masseuse	[mæ'suːz]
médico (m)	doctor	['dɒktə(r)]

taxista (m)	taxi driver	['tæksɪ 'draɪvə(r)]
condutor (automobilista)	driver	['draɪvə(r)]
entregador (m)	delivery man	[dɪ'lɪvərɪ mæn]

camareira (f)	chambermaid	['ʧeɪmbəˌmeɪd]
guarda (m)	security guard	[sɪ'kjʊərətɪ gɑːd]
aeromoça (f)	flight attendant	[ˌflaɪt ə'tendənt]

professor (m)	teacher	['tiːʧə(r)]
bibliotecário (m)	librarian	[laɪ'breərɪən]
tradutor (m)	translator	[træns'leɪtə(r)]
intérprete (m)	interpreter	[ɪn'tɜːprɪtə(r)]
guia (m)	guide	[gaɪd]

cabeleireiro (m)	hairdresser	['heəˌdresə(r)]
carteiro (m)	mailman	['meɪlmən]
vendedor (m)	salesman	['seɪlzmən]

jardineiro (m)	gardener	['gɑːdnə(r)]
criado (m)	servant	['sɜːvənt]
criada (f)	maid	[meɪd]
empregada (f) de limpeza	cleaner	['kliːnə(r)]

88. Profissões militares e postos

soldado (m) raso	private	['praɪvɪt]
sargento (m)	sergeant	['sɑːdʒənt]
tenente (m)	lieutenant	[lu'tenənt]
capitão (m)	captain	['kæptɪn]

major (m)	major	['meɪdʒə(r)]
coronel (m)	colonel	['kɜːnəl]
general (m)	general	['dʒenərəl]
marechal (m)	marshal	['mɑːʃəl]
almirante (m)	admiral	['ædmərəl]

militar (m)	military	['mɪlɪtərɪ]
soldado (m)	soldier	['səʊldʒə(r)]
oficial (m)	officer	['ɒfɪsə(r)]
comandante (m)	commander	[kə'mɑːndə(r)]
guarda (m) de fronteira	border guard	['bɔːdə gɑːd]

operador (m) de rádio	radio operator	['reɪdɪəʊ 'ɒpəreɪtə(r)]
explorador (m)	scout	[skaʊt]
sapador-mineiro (m)	pioneer	[ˌpaɪə'nɪə(r)]
atirador (m)	marksman	['mɑːksmən]
navegador (m)	navigator	['nævɪgeɪtə(r)]

89. Oficiais. Padres

rei (m)	king	[kɪŋ]
rainha (f)	queen	[kwiːn]

príncipe (m)	prince	[prɪns]
princesa (f)	princess	[prɪn'ses]

czar (m)	czar	[zɑː(r)]
czarina (f)	czarina	[zɑːˈriːnə]

presidente (m)	President	['prezɪdənt]
ministro (m)	Secretary	['sekrətərɪ]
primeiro-ministro (m)	Prime minister	[praɪm 'mɪnɪstə(r)]
senador (m)	Senator	['senətə(r)]

diplomata (m)	diplomat	['dɪpləmæt]
cônsul (m)	consul	['kɒnsəl]
embaixador (m)	ambassador	[æm'bæsədə(r)]
conselheiro (m)	counselor	['kaʊnsələ(r)]

funcionário (m)	official, functionary	[ə'fɪʃəl], ['fʌŋkʃənərɪ]
prefeito (m)	prefect	['priːfekt]
Presidente (m) da Câmara	mayor	[meə(r)]

juiz (m)	judge	[dʒʌdʒ]
procurador (m)	district attorney	['dɪstrɪkt ə'tɜːnɪ]

missionário (m)	missionary	['mɪʃənrɪ]
monge (m)	monk	[mʌŋk]
abade (m)	abbot	['æbət]
rabino (m)	rabbi	['ræbaɪ]

vizir (m)	vizier	[vɪ'zɪə(r)]
xá (m)	shah	[ʃɑː]
xeique (m)	sheikh	[ʃeɪk]

90. Profissões agrícolas

abelheiro (m)	beekeeper	['biːˌkiːpə(r)]
pastor (m)	herder	['hɜːdə(r)]
agrônomo (m)	agronomist	[ə'grɒnəmɪst]
criador (m) de gado	cattle breeder	['kætəl 'briːdə(r)]
veterinário (m)	veterinarian	[ˌvetərɪ'neərɪən]
agricultor, fazendeiro (m)	farmer	['fɑːmə(r)]
vinicultor (m)	winemaker	['waɪn ˌmeɪkə(r)]

| zoólogo (m) | zoologist | [zəʊˈɒlədʒɪst] |
| vaqueiro (m) | cowboy | [ˈkaʊbɔɪ] |

91. Profissões artísticas

| ator (m) | actor | [ˈæktə(r)] |
| atriz (f) | actress | [ˈæktrɪs] |

| cantor (m) | singer | [ˈsɪŋə(r)] |
| cantora (f) | singer | [ˈsɪŋə(r)] |

| bailarino (m) | dancer | [ˈdɑːnsə(r)] |
| bailarina (f) | dancer | [ˈdɑːnsə(r)] |

músico (m)	musician	[mjuːˈzɪʃən]
pianista (m)	pianist	[ˈpɪənɪst]
guitarrista (m)	guitar player	[ɡɪˈtɑːr ˈpleɪə(r)]

maestro (m)	conductor	[kənˈdʌktə(r)]
compositor (m)	composer	[kəmˈpəʊzə(r)]
empresário (m)	impresario	[ˌɪmprɪˈsɑːrɪəʊ]

diretor (m) de cinema	film director	[fɪlm dɪˈrektə(r)]
produtor (m)	producer	[prəˈdjuːsə(r)]
roteirista (m)	scriptwriter	[ˈskrɪptˌraɪtə(r)]
crítico (m)	critic	[ˈkrɪtɪk]

escritor (m)	writer	[ˈraɪtə(r)]
poeta (m)	poet	[ˈpəʊɪt]
escultor (m)	sculptor	[ˈskʌlptə(r)]
pintor (m)	artist, painter	[ˈɑːtɪst], [ˈpeɪntə(r)]

malabarista (m)	juggler	[ˈdʒʌɡlə(r)]
palhaço (m)	clown	[klaʊn]
acrobata (m)	acrobat	[ˈækrəbæt]
ilusionista (m)	magician	[məˈdʒɪʃən]

92. Várias profissões

médico (m)	doctor	[ˈdɒktə(r)]
enfermeira (f)	nurse	[nɜːs]
psiquiatra (m)	psychiatrist	[saɪˈkaɪətrɪst]
dentista (m)	dentist	[ˈdentɪst]
cirurgião (m)	surgeon	[ˈsɜːdʒən]

astronauta (m)	astronaut	[ˈæstrənɔːt]
astrônomo (m)	astronomer	[əˈstrɒnəmə(r)]
piloto (m)	pilot	[ˈpaɪlət]

motorista (m)	driver	[ˈdraɪvə(r)]
maquinista (m)	engineer	[ˌendʒɪˈnɪə(r)]
mecânico (m)	mechanic	[mɪˈkænɪk]

mineiro (m)	miner	['maɪnə(r)]
operário (m)	worker	['wɜːkə(r)]
serralheiro (m)	locksmith	['lɒksmɪθ]
marceneiro (m)	joiner	['dʒɔɪnə(r)]
torneiro (m)	turner	['tɜːnə(r)]
construtor (m)	construction worker	[kən'strʌkʃən 'wɜːkə(r)]
soldador (m)	welder	[weldə(r)]

professor (m)	professor	[prə'fesə(r)]
arquiteto (m)	architect	['ɑːkɪtekt]
historiador (m)	historian	[hɪ'stɔːrɪən]
cientista (m)	scientist	['saɪəntɪst]
físico (m)	physicist	['fɪzɪsɪst]
químico (m)	chemist	['kemɪst]

arqueólogo (m)	archeologist	[ˌɑːkɪ'ɒlədʒɪst]
geólogo (m)	geologist	[dʒɪ'ɒlədʒɪst]
pesquisador (cientista)	researcher	[rɪ'sɜːʧə(r)]

babysitter, babá (f)	babysitter	['beɪbɪ 'sɪtə(r)]
professor (m)	teacher, educator	['tiːʧə(r)], ['edʒʊkeɪtə(r)]

redator (m)	editor	['edɪtə(r)]
redator-chefe (m)	editor-in-chief	['edɪtər ɪn ʧiːf]
correspondente (m)	correspondent	[ˌkɒrɪ'spɒndənt]
datilógrafa (f)	typist	['taɪpɪst]

designer (m)	designer	[dɪ'zaɪnə(r)]
especialista (m) em informática	computer expert	[kəm'pjuːtər 'ekspɜːt]
programador (m)	programmer	['prəʊgræmə(r)]
engenheiro (m)	engineer	[ˌenʤɪ'nɪə(r)]

marujo (m)	sailor	['seɪlə(r)]
marinheiro (m)	seaman	['siːmən]
socorrista (m)	rescuer	['reskjʊə(r)]

bombeiro (m)	fireman	['faɪəmən]
polícia (m)	police officer	[pə'liːs 'ɒfɪsə(r)]
guarda-noturno (m)	watchman	['wɒʧmən]
detetive (m)	detective	[dɪ'tektɪv]

funcionário (m) da alfândega	customs officer	['kʌstəmz 'ɒfɪsə(r)]
guarda-costas (m)	bodyguard	['bɒdɪgɑːd]
guarda (m) prisional	prison guard	['prɪzən gɑːd]
inspetor (m)	inspector	[ɪn'spektə(r)]

esportista (m)	sportsman	['spɔːtsmən]
treinador (m)	trainer, coach	['treɪnə(r)], [kəʊʧ]
açougueiro (m)	butcher	['bʊʧə(r)]
sapateiro (m)	cobbler, shoe repairer	['kɒblə(r)], [ʃuː rɪ'peərə(r)]
comerciante (m)	merchant	['mɜːʧənt]
carregador (m)	loader	['ləʊdə(r)]

estilista (m)	fashion designer	['fæʃən dɪ'zaɪnə(r)]
modelo (f)	model	['mɒdəl]

93. Ocupações. Estatuto social

estudante (~ de escola)	schoolboy	['sku:lbɔɪ]
estudante (~ universitária)	student	['stju:dənt]
filósofo (m)	philosopher	[fɪ'lɒsəfə(r)]
economista (m)	economist	[ɪ'kɒnəmɪst]
inventor (m)	inventor	[ɪn'ventə(r)]
desempregado (m)	unemployed	[ˌʌnɪm'plɔɪd]
aposentado (m)	retiree	[ˌrɪtaɪə'ri:]
espião (m)	spy, secret agent	[spaɪ], ['si:krɪt 'eɪdʒənt]
preso, prisioneiro (m)	prisoner	['prɪzənə(r)]
grevista (m)	striker	['straɪkə(r)]
burocrata (m)	bureaucrat	['bjʊərəkræt]
viajante (m)	traveler	['trævələ(r)]
homossexual (m)	gay, homosexual	[geɪ], [ˌhɒmə'sekʃuəl]
hacker (m)	hacker	['hækə(r)]
hippie (m, f)	hippie	['hɪpɪ]
bandido (m)	bandit	['bændɪt]
assassino (m)	hit man, killer	[hɪt mæn], ['kɪlə(r)]
drogado (m)	drug addict	['drʌgˌædɪkt]
traficante (m)	drug dealer	['drʌg ˌdi:lə(r)]
prostituta (f)	prostitute	['prɒstɪtju:t]
cafetão (m)	pimp	[pɪmp]
bruxo (m)	sorcerer	['sɔ:sərə(r)]
bruxa (f)	sorceress	['sɔ:sərɪs]
pirata (m)	pirate	['paɪrət]
escravo (m)	slave	[sleɪv]
samurai (m)	samurai	['sæmʊraɪ]
selvagem (m)	savage	['sævɪdʒ]

Educação

94. Escola

escola (f)	school	[skuːl]
diretor (m) de escola	principal	['prɪnsɪpəl]
aluno (m)	pupil	['pjuːpəl]
aluna (f)	pupil	['pjuːpəl]
estudante (m)	schoolboy	['skuːlbɔɪ]
estudante (f)	schoolgirl	['skuːlgɜːl]
ensinar (vt)	to teach (vt)	[tə tiːtʃ]
aprender (vt)	to learn (vt)	[tə lɜːn]
decorar (vt)	to learn by heart	[tə lɜːn baɪ hɑːt]
estudar (vi)	to learn (vt)	[tə lɜːn]
estar na escola	to be at school	[tə bi ət skuːl]
ir à escola	to go to school	[tə gəʊ tə skuːl]
alfabeto (m)	alphabet	['ælfəbet]
disciplina (f)	subject	['sʌbdʒɪkt]
sala (f) de aula	classroom	['klɑːsrʊm]
lição, aula (f)	lesson	['lesən]
recreio (m)	recess	['riːses]
toque (m)	school bell	[skuːl bel]
classe (f)	desk	[desk]
quadro (m) negro	chalkboard	['tʃɔːkbɔːd]
nota (f)	grade	[greɪd]
boa nota (f)	good grade	[gʊd greɪd]
nota (f) baixa	bad grade	[bæd greɪd]
dar uma nota	to give a grade	[tə gɪv ə greɪd]
erro (m)	mistake	[mɪ'steɪk]
errar (vi)	to make mistakes	[tə meɪk mɪ'steɪks]
corrigir (~ um erro)	to correct (vt)	[tə kə'rekt]
cola (f)	cheat sheet	['tʃiːt ʃiːt]
dever (m) de casa	homework	['həʊmwɜːk]
exercício (m)	exercise	['eksəsaɪz]
estar presente	to be present	[tə bi 'prezənt]
estar ausente	to be absent	[tə bi 'æbsənt]
faltar às aulas	to miss school	[tə mɪs skuːl]
punir (vt)	to punish (vt)	[tə 'pʌnɪʃ]
punição (f)	punishment	['pʌnɪʃmənt]
comportamento (m)	conduct	['kɒndʌkt]

boletim (m) escolar	report card	[rɪ'pɔːt kɑːd]
lápis (m)	pencil	['pensəl]
borracha (f)	eraser	[ɪ'reɪsə(r)]
giz (m)	chalk	[ʧɔːk]
porta-lápis (m)	pencil case	['pensəl keɪs]

mala, pasta, mochila (f)	schoolbag	['skuːlbæg]
caneta (f)	pen	[pen]
caderno (m)	school notebook	[skuːl 'nəʊtbʊk]
livro (m) didático	textbook	['tekstbʊk]
compasso (m)	drafting compass	['drɑːftɪŋ 'kʌmpəs]

traçar (vt)	to make technical drawings	[tə meɪk 'teknɪkəl 'drɔːɪŋs]
desenho (m) técnico	technical drawing	['teknɪkəl 'drɔːɪŋ]

poesia (f)	poem	['pəʊɪm]
de cor	by heart	[baɪ hɑːt]
decorar (vt)	to learn by heart	[tə lɜːn baɪ hɑːt]

férias (f pl)	school vacation	[skuːl və'keɪʃən]
estar de férias	to be on vacation	[tə bi ɒn və'keɪʃən]
passar as férias	to spend one's vacation	[tə spend wʌns və'keɪʃən]

teste (m), prova (f)	test	[test]
redação (f)	essay	['eseɪ]
ditado (m)	dictation	[dɪk'teɪʃən]
exame (m), prova (f)	exam	[ɪg'zæm]
fazer prova	to take an exam	[tə ˌteɪk ən ɪg'zæm]
experiência (~ química)	experiment	[ɪk'sperɪmənt]

95. Colégio. Universidade

academia (f)	academy	[ə'kædəmɪ]
universidade (f)	university	[ˌjuːnɪ'vɜːsətɪ]
faculdade (f)	faculty	['fækəltɪ]

estudante (m)	student	['stjuːdənt]
estudante (f)	student	['stjuːdənt]
professor (m)	lecturer	['lekʧərə(r)]

auditório (m)	lecture hall	['lekʧə hɔːl]
graduado (m)	graduate	['grædʒʊət]

diploma (m)	diploma	[dɪ'pləʊmə]
tese (f)	dissertation	[ˌdɪsə'teɪʃən]

estudo (obra)	study	['stʌdɪ]
laboratório (m)	laboratory	['læbrəˌtɔːrɪ]

palestra (f)	lecture	['lekʧə(r)]
colega (m) de curso	coursemate	[kɔːsmeɪt]

bolsa (f) de estudos	scholarship	['skɒləʃɪp]
grau (m) acadêmico	academic degree	[ˌækə'demɪk dɪ'griː]

96. Ciências. Disciplinas

matemática (f)	mathematics	[ˌmæθə'mætɪks]
álgebra (f)	algebra	['ældʒɪbrə]
geometria (f)	geometry	[dʒɪ'ɒmətrɪ]
astronomia (f)	astronomy	[ə'strɒnəmɪ]
biologia (f)	biology	[baɪ'ɒlədʒɪ]
geografia (f)	geography	[dʒɪ'ɒgrəfɪ]
geologia (f)	geology	[dʒɪ'ɒlədʒɪ]
história (f)	history	['hɪstərɪ]
medicina (f)	medicine	['medsɪn]
pedagogia (f)	pedagogy	['pedəgɒdʒɪ]
direito (m)	law	[lɔ:]
física (f)	physics	['fɪzɪks]
química (f)	chemistry	['kemɪstrɪ]
filosofia (f)	philosophy	[fɪ'lɒsəfɪ]
psicologia (f)	psychology	[saɪ'kɒlədʒɪ]

97. Sistema de escrita. Ortografia

gramática (f)	grammar	['græmə(r)]
vocabulário (m)	vocabulary	[və'kæbjʊlərɪ]
fonética (f)	phonetics	[fə'netɪks]
substantivo (m)	noun	[naʊn]
adjetivo (m)	adjective	['ædʒɪktɪv]
verbo (m)	verb	[vɜ:b]
advérbio (m)	adverb	['ædvɜ:b]
pronome (m)	pronoun	['prəʊnaʊn]
interjeição (f)	interjection	[ˌɪntə'dʒekʃən]
preposição (f)	preposition	[ˌprepə'zɪʃən]
raiz (f)	root	[ru:t]
terminação (f)	ending	['endɪŋ]
prefixo (m)	prefix	['pri:fɪks]
sílaba (f)	syllable	['sɪləbəl]
sufixo (m)	suffix	['sʌfɪks]
acento (m)	stress mark	['stres ˌmɑ:k]
apóstrofo (f)	apostrophe	[ə'pɒstrəfɪ]
ponto (m)	period, dot	['pɪərɪəd], [dɒt]
vírgula (f)	comma	['kɒmə]
ponto e vírgula (m)	semicolon	[ˌsemɪ'kəʊlən]
dois pontos (m pl)	colon	['kəʊlən]
reticências (f pl)	ellipsis	[ɪ'lɪpsɪs]
ponto (m) de interrogação	question mark	['kwestʃən mɑ:k]
ponto (m) de exclamação	exclamation point	[ˌeksklə'meɪʃən pɔɪnt]

aspas (f pl)	quotation marks	[kwəʊ'teɪʃən mɑ:ks]
entre aspas	in quotation marks	[ɪn kwəʊ'teɪʃən mɑ:ks]
parênteses (m pl)	parenthesis	[pə'renθɪsɪs]
entre parênteses	in parenthesis	[ɪn pə'renθɪsɪs]

hífen (m)	hyphen	['haɪfən]
travessão (m)	dash	[dæʃ]
espaço (m)	space	[speɪs]

| letra (f) | letter | ['letə(r)] |
| letra (f) maiúscula | capital letter | ['kæpɪtəl 'letə(r)] |

| vogal (f) | vowel | ['vaʊəl] |
| consoante (f) | consonant | ['kɒnsənənt] |

frase (f)	sentence	['sentəns]
sujeito (m)	subject	['sʌbdʒɪkt]
predicado (m)	predicate	['predɪkət]

linha (f)	line	[laɪn]
em uma nova linha	on a new line	[ɒn ə nju: laɪn]
parágrafo (m)	paragraph	['pærəgrɑ:f]

palavra (f)	word	[wɜ:d]
grupo (m) de palavras	group of words	[gru:p əf wɜ:dz]
expressão (f)	expression	[ɪk'spreʃən]
sinônimo (m)	synonym	['sɪnənɪm]
antônimo (m)	antonym	['æntənɪm]

regra (f)	rule	[ru:l]
exceção (f)	exception	[ɪk'sepʃən]
correto (adj)	correct	[kə'rekt]

conjugação (f)	conjugation	[ˌkɒndʒʊ'geɪʃən]
caso (m)	nominal case	['nɒmɪnəl keɪs]
pergunta (f)	question	['kwestʃən]
sublinhar (vt)	to underline (vt)	[tə ˌʌndə'laɪn]
linha (f) pontilhada	dotted line	['dɒtɪd laɪn]

98. Línguas estrangeiras

língua (f)	language	['læŋgwɪdʒ]
estrangeiro (adj)	foreign	['fɒrən]
estudar (vt)	to study (vt)	[tə 'stʌdɪ]
aprender (vt)	to learn (vt)	[tə lɜ:n]

ler (vt)	to read (vi, vt)	[tə ri:d]
falar (vi)	to speak (vi, vt)	[tə spi:k]
entender (vt)	to understand (vt)	[təˌʌndə'stænd]
escrever (vt)	to write (vt)	[tə raɪt]

rapidamente	quickly, fast	['kwɪklɪ], [fɑ:st]
devagar, lentamente	slowly	['sləʊlɪ]
fluentemente	fluently	['flu:əntlɪ]

regras (f pl)	rules	[ruːlz]
gramática (f)	grammar	['græmə(r)]
vocabulário (m)	vocabulary	[və'kæbjulərı]
fonética (f)	phonetics	[fə'netıks]
livro (m) didático	textbook	['tekstbʊk]
dicionário (m)	dictionary	['dıkʃənərı]
manual (m) autodidático	teach-yourself book	[tiːʧ jɔː'self bʊk]
guia (m) de conversação	phrasebook	['freızbʊk]
fita (f) cassete	cassette, tape	[kæ'set], [teıp]
videoteipe (m)	videotape	['vıdıəʊteıp]
CD (m)	CD, compact disc	[ˌsiː'diː], [kəm'pækt dısk]
DVD (m)	DVD	[ˌdiːviː'diː]
alfabeto (m)	alphabet	['ælfəbet]
soletrar (vt)	to spell (vt)	[tə spel]
pronúncia (f)	pronunciation	[prəˌnʌnsı'eıʃən]
sotaque (m)	accent	['æksent]
com sotaque	with an accent	[wıð ən 'æksent]
sem sotaque	without an accent	[wı'ðaʊt ən 'æksent]
palavra (f)	word	[wɜːd]
sentido (m)	meaning	['miːnıŋ]
curso (m)	course	[kɔːs]
inscrever-se (vr)	to sign up (vi)	[tə saın ʌp]
professor (m)	teacher	['tiːʧə(r)]
tradução (texto)	translation	[træns'leıʃən]
tradutor (m)	translator	[lræns'leıto(r)]
intérprete (m)	interpreter	[ın'tɜːprıtə(r)]
poliglota (m)	polyglot	['pɒlıglɒt]
memória (f)	memory	['memərı]

Descanso. Entretenimento. Viagens

99. Viagens

turismo (m)	tourism, travel	['tʊərɪzəm], ['trævəl]
turista (m)	tourist	['tʊərɪst]
viagem (f)	trip	[trɪp]
aventura (f)	adventure	[əd'ventʃə(r)]
percurso (curta viagem)	trip, journey	[trɪp], ['dʒɜːnɪ]
férias (f pl)	vacation	[və'keɪʃən]
estar de férias	to be on vacation	[tə bi ɒn və'keɪʃən]
descanso (m)	rest	[rest]
trem (m)	train	[treɪn]
de trem (chegar ~)	by train	[baɪ treɪn]
avião (m)	airplane	['eəpleɪn]
de avião	by airplane	[baɪ 'eəpleɪn]
de carro	by car	[baɪ kɑː(r)]
de navio	by ship	[baɪ ʃɪp]
bagagem (f)	luggage	['lʌgɪdʒ]
mala (f)	suitcase	['suːtkeɪs]
carrinho (m)	luggage cart	['lʌgɪdʒ kɑːt]
passaporte (m)	passport	['pɑːspɔːt]
visto (m)	visa	['viːzə]
passagem (f)	ticket	['tɪkɪt]
passagem (f) aérea	air ticket	['eə 'tɪkɪt]
guia (m) de viagem	guidebook	['gaɪdbʊk]
mapa (m)	map	[mæp]
área (f)	area	['eərɪə]
lugar (m)	place, site	[pleɪs], [saɪt]
exotismo (m)	exotica	[ɪg'zɒtɪkə]
exótico (adj)	exotic	[ɪg'zɒtɪk]
surpreendente (adj)	amazing	[ə'meɪzɪŋ]
grupo (m)	group	[gruːp]
excursão (f)	excursion	[ɪk'skɜːʃən]
guia (m)	guide	[gaɪd]

100. Hotel

hotel (m)	hotel	[həʊ'tel]
motel (m)	motel	[məʊ'tel]
três estrelas	three-star	[θriː stɑː(r)]

| cinco estrelas | five-star | [ˌfaɪv ˈstɑː(r)] |
| ficar (vi, vt) | to stay (vi) | [tə steɪ] |

quarto (m)	room	[ruːm]
quarto (m) individual	single room	[ˈsɪŋɡəl ruːm]
quarto (m) duplo	double room	[ˈdʌbəl ruːm]
reservar um quarto	to book a room	[tə bʊk ə ruːm]

| meia pensão (f) | half board | [hɑːf bɔːd] |
| pensão (f) completa | full board | [fʊl bɔːd] |

com banheira	with bath	[wɪð bɑːθ]
com chuveiro	with shower	[wɪð ˈʃaʊə(r)]
televisão (m) por satélite	satellite television	[ˈsætəlaɪt ˈtelɪˌvɪʒən]
ar (m) condicionado	air-conditioner	[eə kənˈdɪʃənə]
toalha (f)	towel	[ˈtaʊəl]
chave (f)	key	[kiː]

administrador (m)	administrator	[ədˈmɪnɪstreɪtə(r)]
camareira (f)	chambermaid	[ˈtʃeɪmbəˌmeɪd]
bagageiro (m)	porter, bellboy	[ˈpɔːtə(r)], [ˈbelbɔɪ]
porteiro (m)	doorman	[ˈdɔːmən]

restaurante (m)	restaurant	[ˈrestrɒnt]
bar (m)	pub, bar	[pʌb], [bɑː(r)]
café (m) da manhã	breakfast	[ˈbrekfəst]
jantar (m)	dinner	[ˈdɪnə(r)]
bufê (m)	buffet	[bəˈfeɪ]

elevador (m)	elevator	[ˈelɪveɪtə(r)]
NÃO PERTURBE	DO NOT DISTURB	[du nɒt dɪˈstɜːb]
PROIBIDO FUMAR!	NO SMOKING	[nəʊ ˈsməʊkɪŋ]

EQUIPAMENTO TÉCNICO. TRANSPORTES

Equipamento técnico. Transportes

101. Computador

computador (m)	computer	[kəm'pju:tə(r)]
computador (m) portátil	notebook, laptop	['nəʊtbʊk], ['læptɒp]
ligar (vt)	to switch on (vt)	[tə swɪtʃ ɒn]
desligar (vt)	to turn off (vt)	[tə tɜ:n ɒf]
teclado (m)	keyboard	['ki:bɔ:d]
tecla (f)	key	[ki:]
mouse (m)	mouse	[maʊs]
tapete (m) para mouse	mouse pad	[maʊs pæd]
botão (m)	button	['bʌtən]
cursor (m)	cursor	['kɜ:sə(r)]
monitor (m)	monitor	['mɒnɪtə(r)]
tela (f)	screen	[skri:n]
disco (m) rígido	hard disk	[hɑ:d dɪsk]
capacidade (f) do disco rígido	hard disk capacity	[hɑ:d dɪsk kə'pæsɪtɪ]
memória (f)	memory	['memərɪ]
memória RAM (f)	random access memory	['rændəm 'ækses 'memərɪ]
arquivo (m)	file	[faɪl]
pasta (f)	folder	['fəʊldə(r)]
abrir (vt)	to open (vt)	[tə 'əʊpən]
fechar (vt)	to close (vt)	[tə kləʊz]
salvar (vt)	to save (vt)	[tə seɪv]
deletar (vt)	to delete (vt)	[tə dɪ'li:t]
copiar (vt)	to copy (vt)	[tə 'kɒpɪ]
ordenar (vt)	to sort (vt)	[tə sɔ:t]
programa (m)	program	['prəʊgræm]
software (m)	software	['sɒftweə(r)]
programador (m)	programmer	['prəʊgræmə(r)]
programar (vt)	to program (vt)	[tə 'prəʊgræm]
hacker (m)	hacker	['hækə(r)]
senha (f)	password	['pɑ:swɜ:d]
vírus (m)	virus	['vaɪrəs]
detectar (vt)	to find, to detect	[tə faɪnd], [tə dɪ'tekt]
byte (m)	byte	[baɪt]
megabyte (m)	megabyte	['megəbaɪt]

| dados (m pl) | data | ['deɪtə] |
| base (f) de dados | database | ['deɪtəbeɪs] |

cabo (m)	cable	['keɪbəl]
desconectar (vt)	to disconnect (vt)	[tə ˌdɪskə'nekt]
conectar (vt)	to connect (vt)	[tə kə'nekt]

102. Internet. E-mail

internet (f)	Internet	['ɪntənet]
browser (m)	browser	['braʊzə(r)]
motor (m) de busca	search engine	[sɜ:tʃ 'endʒɪn]
provedor (m)	provider	[prə'vaɪdə(r)]

webmaster (m)	webmaster	[web peɪdʒ]
website (m)	website	['websaɪt]
web page (f)	webpage	[web peɪdʒ]

| endereço (m) | address | [ə'dres] |
| livro (m) de endereços | address book | [ə'dres bʊk] |

caixa (f) de correio	mailbox	['meɪlbɒks]
correio (m)	mail	[meɪl]
cheia (caixa de correio)	full	[fʊl]

mensagem (f)	message	['mesɪdʒ]
mensagens (f pl) recebidas	incoming messages	['ɪnˌkʌmɪŋ 'mesɪdʒɪz]
mensagens (f pl) enviadas	outgoing messages	['aʊtˌgəʊɪŋ 'mesɪdʒɪz]
remetente (m)	sender	['sendə(r)]
enviar (vt)	to send (vt)	[tə send]
envio (m)	sending	['sendɪŋ]

| destinatário (m) | receiver | [rɪ'si:və(r)] |
| receber (vt) | to receive (vt) | [tə rɪ'si:v] |

| correspondência (f) | correspondence | [ˌkɒrɪ'spɒndəns] |
| corresponder-se (vr) | to correspond (vi) | [tə ˌkɒrɪ'spɒnd] |

arquivo (m)	file	[faɪl]
fazer download, baixar (vt)	to download (vt)	[tə 'daʊnləʊd]
criar (vt)	to create (vt)	[tə kri:'eɪt]
deletar (vt)	to delete (vt)	[tə dɪ'li:t]
deletado (adj)	deleted	[dɪ'li:tɪd]

conexão (f)	connection	[kə'nekʃən]
velocidade (f)	speed	[spi:d]
modem (m)	modem	['məʊdem]
acesso (m)	access	['ækses]
porta (f)	port	[pɔ:t]

conexão (f)	connection	[kə'nekʃən]
conectar (vi)	to connect to ...	[tə kə'nekt tə]
escolher (vt)	to select (vt)	[tə sɪ'lekt]
buscar (vt)	to search for ...	[tə sɜ:tʃ fɔ:(r)]

103. Eletricidade

eletricidade (f)	electricity	[ˌɪlek'trɪsətɪ]
elétrico (adj)	electric, electrical	[ɪ'lektrɪk], [ɪ'lektrɪkəl]
planta (f) elétrica	electric power plant	[ɪ'lektrɪk 'pauə plɑ:nt]
energia (f)	energy	['enədʒɪ]
energia (f) elétrica	electric power	[ɪ'lektrɪk 'pauə]
lâmpada (f)	light bulb	['laɪt ˌbʌlb]
lanterna (f)	flashlight	['flæʃlaɪt]
poste (m) de iluminação	street light	['stri:t laɪt]
luz (f)	light	[laɪt]
ligar (vt)	to turn on (vt)	[tə tɜ:n ɒn]
desligar (vt)	to turn off (vt)	[tə tɜ:n ɒf]
apagar a luz	to turn off the light	[tə tɜ:n ɒf ðə laɪt]
queimar (vi)	to burn out (vi)	[tə bɜ:n aʊt]
curto-circuito (m)	short circuit	[ʃɔ:t 'sɜ:kɪt]
ruptura (f)	broken wire	['brəʊkən 'waɪə]
contato (m)	contact	['kɒntækt]
interruptor (m)	switch	[swɪʧ]
tomada (de parede)	wall socket	[wɔ:l 'sɒkɪt]
plugue (m)	plug	[plʌg]
extensão (f)	extension cord	[ɪk'stenʃən ˌkɔ:d]
fusível (m)	fuze, fuse	[fju:z]
fio, cabo (m)	cable, wire	['keɪbəl], ['waɪə]
instalação (f) elétrica	wiring	['waɪərɪŋ]
ampère (m)	ampere	['æmpeə(r)]
amperagem (f)	amperage	['æmpərɪdʒ]
volt (m)	volt	[vəult]
voltagem (f)	voltage	['vəultɪdʒ]
aparelho (m) elétrico	electrical device	[ɪ'lektrɪkəl dɪ'vaɪs]
indicador (m)	indicator	['ɪndɪkeɪtə(r)]
eletricista (m)	electrician	[ˌɪlek'trɪʃən]
soldar (vt)	to solder (vt)	[tə 'səuldə]
soldador (m)	soldering iron	['səuldərɪŋ 'aɪrən]
corrente (f) elétrica	current	['kʌrənt]

104. Ferramentas

ferramenta (f)	tool, instrument	[tu:l], ['ɪnstrumənt]
ferramentas (f pl)	tools	[tu:lz]
equipamento (m)	equipment	[ɪ'kwɪpmənt]
martelo (m)	hammer	['hæmə(r)]
chave (f) de fenda	screwdriver	['skru:ˌdraɪvə(r)]
machado (m)	ax	[æks]

serra (f)	saw	[sɔ:]
serrar (vt)	to saw (vt)	[tə sɔ:]
plaina (f)	plane	[pleɪn]
aplainar (vt)	to plane (vt)	[tə pleɪn]
soldador (m)	soldering iron	['səʊldərɪŋ 'aɪrən]
soldar (vt)	to solder (vt)	[tə 'səʊldə]

lima (f)	file	[faɪl]
tenaz (f)	carpenter pincers	['kɑ:pəntə 'pɪnsəz]
alicate (m)	lineman's pliers	['laɪnməns 'plaɪəz]
formão (m)	chisel	['tʃɪzəl]

broca (f)	drill bit	[drɪl bɪt]
furadeira (f) elétrica	electric drill	[ɪ'lektrɪk drɪl]
furar (vt)	to drill (vi, vt)	[tə drɪl]

faca (f)	knife	[naɪf]
lâmina (f)	blade	[bleɪd]

afiado (adj)	sharp	[ʃɑ:p]
cego (adj)	dull, blunt	[dʌl], [blʌnt]
embotar-se (vr)	to get blunt	[tə get blʌnt]
afiar, amolar (vt)	to sharpen (vt)	[tə 'ʃɑ:pən]

parafuso (m)	bolt	[bəʊlt]
porca (f)	nut	[nʌt]
rosca (f)	thread	[θred]
parafuso (para madeira)	wood screw	[wʊd skru:]

prego (m)	nail	[neɪl]
cabeça (f) do prego	nailhead	['neɪlhed]

régua (f)	ruler	['ru:lə(r)]
fita (f) métrica	tape measure	[teɪp 'meʒə(r)]
nível (m)	spirit level	['spɪrɪt 'levəl]
lupa (f)	magnifying glass	['mægnɪfaɪɪŋ glɑ:s]

medidor (m)	measuring instrument	['meʒərɪŋ 'ɪnstrʊmənt]
medir (vt)	to measure (vt)	[tə 'meʒə(r)]
escala (f)	scale	[skeɪl]
indicação (f), registro (m)	readings	['ri:dɪŋz]

compressor (m)	compressor	[kəm'presə]
microscópio (m)	microscope	['maɪkrəskəʊp]

bomba (f)	pump	[pʌmp]
robô (m)	robot	['rəʊbɒt]
laser (m)	laser	['leɪzə(r)]

chave (f) de boca	wrench	[rentʃ]
fita (f) adesiva	adhesive tape	[əd'hi:sɪv teɪp]
cola (f)	glue	[glu:]

lixa (f)	sandpaper	['sænd‚peɪpə(r)]
mola (f)	spring	[sprɪŋ]
ímã (m)	magnet	['mægnɪt]

luva (f)	gloves	[glʌvz]
corda (f)	rope	['rəʊp]
cabo (~ de nylon, etc.)	cord	[kɔːd]
fio (m)	wire	['waɪə(r)]
cabo (~ elétrico)	cable	['keɪbəl]

marreta (f)	sledgehammer	['sleʤ,hæmə(r)]
pé de cabra (m)	prybar	[praɪbɑ:(r)]
escada (f) de mão	ladder	['lædə]
escada (m)	stepladder	['step,lædə(r)]

enroscar (vt)	to screw (vt)	[tə skruː]
desenroscar (vt)	to unscrew (vt)	[tə ˌʌn'skruː]
apertar (vt)	to tighten (vt)	[tə 'taɪtən]
colar (vt)	to glue, to stick	[tə gluː], [tə stɪk]
cortar (vt)	to cut (vt)	[tə kʌt]

falha (f)	malfunction	[ˌmæl'fʌŋkʃən]
conserto (m)	repair	[rɪ'peə(r)]
consertar, reparar (vt)	to repair (vt)	[tə rɪ'peə(r)]
regular, ajustar (vt)	to adjust (vt)	[tə ə'dʒʌst]

verificar (vt)	to check (vt)	[tə ʧek]
verificação (f)	checking	['ʧekɪŋ]
indicação (f), registro (m)	readings	['riːdɪŋz]

| seguro (adj) | reliable | [rɪ'laɪəbəl] |
| complicado (adj) | complex | ['kɒmpleks] |

enferrujar (vi)	to rust (vi)	[tə rʌst]
enferrujado (adj)	rusty, rusted	['rʌstɪ], ['rʌstɪd]
ferrugem (f)	rust	[rʌst]

Transportes

105. Avião

avião (m)	airplane	['eəpleɪn]
passagem (f) aérea	air ticket	['eə 'tɪkɪt]
companhia (f) aérea	airline	['eəlaɪn]
aeroporto (m)	airport	['eəpɔːt]
supersônico (adj)	supersonic	[ˌsuːpə'sɒnɪk]

comandante (m) do avião	captain	['kæptɪn]
tripulação (f)	crew	[kruː]
piloto (m)	pilot	['paɪlət]
aeromoça (f)	flight attendant	[ˌflaɪt ə'tendənt]
copiloto (m)	navigator	['nævɪgeɪtə(r)]

asas (f pl)	wings	[wɪŋz]
cauda (f)	tail	[teɪl]
cabine (f)	cockpit	['kɒkpɪt]
motor (m)	engine	['endʒɪn]
trem (m) de pouso	landing gear	['lændɪŋ gɪə(r)]
turbina (f)	turbine	['tɜːbaɪn]

hélice (f)	propeller	[prə'pelə(r)]
caixa-preta (f)	black box	[blæk bɒks]
coluna (f) de controle	yoke, control column	[jəʊk], [kən'trəʊl 'kɒləm]
combustível (m)	fuel	[fjʊəl]

instruções (f pl) de segurança	safety card	['seɪftɪ kɑːd]
máscara (f) de oxigênio	oxygen mask	['ɒksɪdʒən mɑːsk]
uniforme (m)	uniform	['juːnɪfɔːm]

colete (m) salva-vidas	life vest	['laɪf vest]
paraquedas (m)	parachute	['pærəʃuːt]

decolagem (f)	takeoff	[teɪkɒf]
descolar (vi)	to take off (vi)	[tə teɪk ɒf]
pista (f) de decolagem	runway	['rʌnˌweɪ]

visibilidade (f)	visibility	[ˌvɪzɪ'bɪlɪtɪ]
voo (m)	flight	[flaɪt]

altura (f)	altitude	['æltɪtjuːd]
poço (m) de ar	air pocket	[eə 'pɒkɪt]

assento (m)	seat	[siːt]
fone (m) de ouvido	headphones	['hedfəʊnz]
mesa (f) retrátil	folding tray	['fəʊldɪŋ treɪ]
janela (f)	window	['wɪndəʊ]
corredor (m)	aisle	[aɪl]

106. Comboio

trem (m)	train	[treɪn]
trem (m) elétrico	commuter train	[kə'mju:tə(r) treɪn]
trem (m)	express train	[ɪk'spres treɪn]
locomotiva (f) diesel	diesel locomotive	['di:zəl ˌləʊkə'məʊtɪv]
locomotiva (f) a vapor	steam locomotive	[sti:m ˌləʊkə'məʊtɪv]
vagão (f) de passageiros	passenger car	['pæsɪndʒə kɑ:(r)]
vagão-restaurante (m)	dining car	['daɪnɪŋ kɑ:]
carris (m pl)	rails	[reɪlz]
estrada (f) de ferro	railroad	['reɪlrəʊd]
travessa (f)	railway tie	['reɪlweɪ taɪ]
plataforma (f)	platform	['plætfɔ:m]
linha (f)	track	[træk]
semáforo (m)	semaphore	['seməfɔ:(r)]
estação (f)	station	['steɪʃən]
maquinista (m)	engineer	[ˌendʒɪ'nɪə(r)]
bagageiro (m)	porter	['pɔ:tə(r)]
hospedeiro, -a (m, f)	car attendant	[kɑ:(r) ə'tendənt]
passageiro (m)	passenger	['pæsɪndʒə(r)]
revisor (m)	conductor	[kən'dʌktə(r)]
corredor (m)	corridor	['kɒrɪˌdɔ:(r)]
freio (m) de emergência	emergency brake	[ɪ'mɜ:dʒənsɪ breɪk]
compartimento (m)	compartment	[kəm'pɑ:tmənt]
cama (f)	berth	[bɜ:θ]
cama (f) de cima	upper berth	['ʌpə bɜ:θ]
cama (f) de baixo	lower berth	['ləʊə 'bɜ:θ]
roupa (f) de cama	bed linen, bedding	[bed 'lɪnɪn], ['bedɪŋ]
passagem (f)	ticket	['tɪkɪt]
horário (m)	schedule	['skedʒʊl]
painel (m) de informação	information display	[ˌɪnfə'meɪʃən dɪ'spleɪ]
partir (vt)	to leave, to depart	[tə li:v], [tə dɪ'pɑ:t]
partida (f)	departure	[dɪ'pɑ:tʃə(r)]
chegar (vi)	to arrive (vi)	[tə ə'raɪv]
chegada (f)	arrival	[ə'raɪvəl]
chegar de trem	to arrive by train	[tə ə'raɪv baɪ treɪn]
pegar o trem	to get on the train	[tə ˌget ɒn ðə 'treɪn]
descer de trem	to get off the train	[tə ˌget ev ðə 'treɪn]
acidente (m) ferroviário	train wreck	[treɪn rek]
descarrilar (vi)	to derail (vi)	[tə dɪ'reɪl]
locomotiva (f) a vapor	steam locomotive	[sti:m ˌləʊkə'məʊtɪv]
foguista (m)	stoker, fireman	['stəʊkə], ['faɪəmən]
fornalha (f)	firebox	['faɪəbɒks]
carvão (m)	coal	[kəʊl]

107. Barco

navio (m)	ship	[ʃɪp]
embarcação (f)	vessel	['vesəl]
barco (m) a vapor	steamship	['stiːmʃɪp]
barco (m) fluvial	riverboat	['rɪvəˌbəʊt]
transatlântico (m)	cruise ship	[kruːz ʃɪp]
cruzeiro (m)	cruiser	['kruːzə(r)]
iate (m)	yacht	[jɒt]
rebocador (m)	tugboat	['tʌgbəʊt]
barcaça (f)	barge	[bɑːdʒ]
ferry (m)	ferry	['ferɪ]
veleiro (m)	sailing ship	['seɪlɪŋ ʃɪp]
bergantim (m)	brigantine	['brɪgəntiːn]
quebra-gelo (m)	ice breaker	['aɪsˌbreɪkə(r)]
submarino (m)	submarine	[ˌsʌbmə'riːn]
bote, barco (m)	boat	[bəʊt]
baleeira (bote salva-vidas)	dinghy	['dɪŋgɪ]
bote (m) salva-vidas	lifeboat	['laɪfbəʊt]
lancha (f)	motorboat	['məʊtəbəʊt]
capitão (m)	captain	['kæptɪn]
marinheiro (m)	seaman	['siːmən]
marujo (m)	sailor	['seɪlə(r)]
tripulação (f)	crew	[kruː]
contramestre (m)	boatswain	['bəʊsən]
grumete (m)	ship's boy	[ʃɪps bɔɪ]
cozinheiro (m) de bordo	cook	[kʊk]
médico (m) de bordo	ship's doctor	[ʃɪps 'dɒktə(r)]
convés (m)	deck	[dek]
mastro (m)	mast	[mɑːst]
vela (f)	sail	[seɪl]
porão (m)	hold	[həʊld]
proa (f)	bow	[baʊ]
popa (f)	stern	[stɜːn]
remo (m)	oar	[ɔː(r)]
hélice (f)	propeller	[prə'pelə(r)]
cabine (m)	cabin	['kæbɪn]
sala (f) dos oficiais	wardroom	['wɔːdrʊm]
sala (f) das máquinas	engine room	['endʒɪn ˌruːm]
ponte (m) de comando	bridge	[brɪdʒ]
sala (f) de comunicações	radio room	['reɪdɪəʊ rʊm]
onda (f)	wave	[weɪv]
diário (m) de bordo	logbook	['lɒgbʊk]
luneta (f)	spyglass	['spaɪglɑːs]
sino (m)	bell	[bel]

bandeira (f)	flag	[flæg]
cabo (m)	hawser	['hɔːzə(r)]
nó (m)	knot	[nɒt]

| corrimão (m) | deckrails | ['dekreɪlz] |
| prancha (f) de embarque | gangway | ['gæŋweɪ] |

âncora (f)	anchor	['æŋkə(r)]
recolher a âncora	to weigh anchor	[tə weɪ 'æŋkə(r)]
jogar a âncora	to drop anchor	[tə drɒp 'æŋkə(r)]
amarra (corrente de âncora)	anchor chain	['æŋkə ˌtʃeɪn]

porto (m)	port	[pɔːt]
cais, amarradouro (m)	quay, wharf	[kiː], [wɔːf]
atracar (vi)	to berth, to moor	[tə bɜːθ], [tə mɔː(r)]
desatracar (vi)	to cast off	[tə kɑːst ɒf]

viagem (f)	trip	[trɪp]
cruzeiro (m)	cruise	[kruːz]
rumo (m)	course	[kɔːs]
itinerário (m)	route	[raʊt]

canal (m) de navegação	fairway	['feəweɪ]
banco (m) de areia	shallows	['ʃæləʊz]
encalhar (vt)	to run aground	[tə rʌn ə'graʊnd]

tempestade (f)	storm	[stɔːm]
sinal (m)	signal	['sɪgnəl]
afundar-se (vr)	to sink (vi)	[tə sɪŋk]
Homem ao mar!	Man overboard!	[ˌmæn 'əʊvəbɔːd]
SOS	SOS	[ˌesəʊ'es]
boia (f) salva-vidas	ring buoy	[rɪŋ bɔɪ]

108. Aeroporto

aeroporto (m)	airport	['eəpɔːt]
avião (m)	airplane	['eəpleɪn]
companhia (f) aérea	airline	['eəlaɪn]
controlador (m) de tráfego aéreo	air traffic controller	['eə 'træfɪk kən'trəʊlə]

partida (f)	departure	[dɪ'pɑːtʃə(r)]
chegada (f)	arrival	[ə'raɪvəl]
chegar (vi)	to arrive (vi)	[tə ə'raɪv]

| hora (f) de partida | departure time | [dɪ'pɑːtʃə ˌtaɪm] |
| hora (f) de chegada | arrival time | [ə'raɪvəl taɪm] |

| estar atrasado | to be delayed | [tə bi dɪ'leɪd] |
| atraso (m) de voo | flight delay | [flaɪt dɪ'leɪ] |

painel (m) de informação	information board	[ˌɪnfə'meɪʃən bɔːd]
informação (f)	information	[ˌɪnfə'meɪʃən]
anunciar (vt)	to announce (vt)	[tə ə'naʊns]

voo (m)	flight	[flaɪt]
alfândega (f)	customs	['kʌstəmz]
funcionário (m) da alfândega	customs officer	['kʌstəmz 'ɒfɪsə(r)]
declaração (f) alfandegária	customs declaration	['kʌstəmz ˌdeklə'reɪʃən]
preencher (vt)	to fill out (vt)	[tə fɪl 'aʊt]
preencher a declaração	to fill out the declaration	[tə fɪl 'aʊt ðə ˌdeklə'reɪʃən]
controle (m) de passaporte	passport control	['pɑːspɔːt kən'trəʊl]
bagagem (f)	luggage	['lʌgɪdʒ]
bagagem (f) de mão	hand luggage	['hænd,lʌgɪdʒ]
carrinho (m)	luggage cart	['lʌgɪdʒ kɑːt]
pouso (m)	landing	['lændɪŋ]
pista (f) de pouso	landing strip	['lændɪŋ strɪp]
aterrissar (vi)	to land (vi)	[tə lænd]
escada (f) de avião	airstairs	[eə'steəz]
check-in (m)	check-in	['tʃek ɪŋ]
balcão (m) do check-in	check-in counter	[tʃek-'ɪn 'kaʊntə(r)]
fazer o check-in	to check-in (vi)	[tə tʃek ɪn]
cartão (m) de embarque	boarding pass	['bɔːdɪŋ pɑːs]
portão (m) de embarque	departure gate	[dɪ'pɑːtʃə ˌgeɪt]
trânsito (m)	transit	['trænsɪt]
esperar (vi, vt)	to wait (vt)	[tə weɪt]
sala (f) de espera	departure lounge	[dɪ'pɑːtʃə laʊndʒ]

Eventos

109. Férias. Evento

festa (f)	celebration, holiday	[ˌselɪ'breɪʃən], ['hɒlɪdeɪ]
feriado (m) nacional	national day	['næʃənəl deɪ]
feriado (m)	public holiday	['pʌblɪk 'hɒlɪdeɪ]
festejar (vt)	to commemorate (vt)	[tə kə'meməˌreɪt]

evento (festa, etc.)	event	[ɪ'vent]
evento (banquete, etc.)	event	[ɪ'vent]
banquete (m)	banquet	['bæŋkwɪt]
recepção (f)	reception	[rɪ'sepʃən]
festim (m)	feast	[fi:st]

aniversário (m)	anniversary	[ænɪ'vɜːsərɪ]
jubileu (m)	jubilee	['dʒuːbɪliː]
celebrar (vt)	to celebrate (vt)	[tə 'selɪbreɪt]

Ano (m) Novo	New Year	[njuː jɪə(r)]
Feliz Ano Novo!	Happy New Year!	['hæpɪ njuː jɪə(r)]
Papai Noel (m)	Santa Claus	['sæntə klɔːz]

Natal (m)	Christmas	['krɪsməs]
Feliz Natal!	Merry Christmas!	[ˌmerɪ 'krɪsməs]
árvore (f) de Natal	Christmas tree	['krɪsməs triː]
fogos (m pl) de artifício	fireworks	['faɪəwɜːks]

casamento (m)	wedding	['wedɪŋ]
noivo (m)	groom	[gruːm]
noiva (f)	bride	[braɪd]

| convidar (vt) | to invite (vt) | [tə ɪn'vaɪt] |
| convite (m) | invitation card | [ˌɪnvɪ'teɪʃən kɑːd] |

convidado (m)	guest	[gest]
visitar (vt)	to visit with …	[tə 'vɪzɪt wɪð]
receber os convidados	to meet the guests	[tə miːt ðə gests]

presente (m)	gift, present	[gɪft], ['prezənt]
oferecer, dar (vt)	to give (vt)	[tə gɪv]
receber presentes	to receive gifts	[tə rɪ'siːv gɪfts]
buquê (m) de flores	bouquet	[bʊ'keɪ]

| felicitações (f pl) | congratulations | [kənˌgrætʃʊ'leɪʃənz] |
| felicitar (vt) | to congratulate (vt) | [tə kən'grætʃʊleɪt] |

cartão (m) de parabéns	greeting card	['griːtɪŋ kɑːd]
enviar um cartão postal	to send a postcard	[tə ˌsend ə 'pəʊstkɑːd]
receber um cartão postal	to get a postcard	[tə get ə 'pəʊstkɑːd]

brinde (m)	toast	[təʊst]
oferecer (vt)	to offer (vt)	[tə 'ɒfə(r)]
champanhe (m)	champagne	[ʃæm'peɪn]

divertir-se (vr)	to enjoy oneself	[tə ɪn'dʒɔɪ wʌn'self]
diversão (f)	merriment, gaiety	['merɪmənt], ['geɪətɪ]
alegria (f)	joy	[dʒɔɪ]

| dança (f) | dance | [dɑːns] |
| dançar (vi) | to dance (vi, vt) | [tə dɑːns] |

| valsa (f) | waltz | [wɔːls] |
| tango (m) | tango | ['tæŋgəʊ] |

110. Funerais. Enterro

cemitério (m)	cemetery	['semɪtrɪ]
sepultura (f), túmulo (m)	grave, tomb	[greɪv], [tuːm]
lápide (f)	gravestone	['greɪvstəʊn]
cerca (f)	fence	[fens]
capela (f)	chapel	['ʧæpəl]

morte (f)	death	[deθ]
morrer (vi)	to die (vi)	[tə daɪ]
defunto (m)	the deceased	[ðə dɪ'siːst]
luto (m)	mourning	['mɔːnɪŋ]

enterrar, sepultar (vt)	to bury (vt)	[tə 'berɪ]
funerária (f)	funeral home	['fjuːnərəl həʊm]
funeral (m)	funeral	['fjuːnərəl]

coroa (f) de flores	wreath	[riːθ]
caixão (m)	casket	['kɑːskɪt]
carro (m) funerário	hearse	[hɜːs]
mortalha (f)	shroud	[ʃraʊd]

procissão (f) funerária	funeral procession	['fjuːnərəl prə'seʃən]
urna (f) funerária	funerary urn	['fjuːnərərɪ ˌɜːn]
crematório (m)	crematory	['kreməˌtəʊrɪ]

obituário (m), necrologia (f)	obituary	[ə'bɪʧʊərɪ]
chorar (vi)	to cry (vi)	[tə kraɪ]
soluçar (vi)	to sob (vi)	[tə sɒb]

111. Guerra. Soldados

pelotão (m)	platoon	[plə'tuːn]
companhia (f)	company	['kʌmpənɪ]
regimento (m)	regiment	['redʒɪmənt]
exército (m)	army	['ɑːmɪ]
divisão (f)	division	[dɪ'vɪʒən]
esquadrão (m)	section, squad	['sekʃən], [skwɒd]

hoste (f)	host	[həʊst]
soldado (m)	soldier	['səʊldʒə(r)]
oficial (m)	officer	['ɒfɪsə(r)]

soldado (m) raso	private	['praɪvɪt]
sargento (m)	sergeant	['sɑːdʒənt]
tenente (m)	lieutenant	[luːˈtenənt]
capitão (m)	captain	['kæptɪn]
major (m)	major	['meɪdʒə(r)]
coronel (m)	colonel	['kɜːnəl]
general (m)	general	['dʒenərəl]

marujo (m)	sailor	['seɪlə(r)]
capitão (m)	captain	['kæptɪn]
contramestre (m)	boatswain	['bəʊsən]

artilheiro (m)	artilleryman	[ɑːˈtɪlərɪmən]
soldado (m) paraquedista	paratrooper	['pærətruːpə(r)]
piloto (m)	pilot	['paɪlət]
navegador (m)	navigator	['nævɪgeɪtə(r)]
mecânico (m)	mechanic	[mɪˈkænɪk]

sapador-mineiro (m)	pioneer	[ˌpaɪəˈnɪə(r)]
paraquedista (m)	parachutist	['pærəʃuːtɪst]
explorador (m)	scout	[skaʊt]
atirador (m) de tocaia	sniper	['snaɪpə(r)]

patrulha (f)	patrol	[pəˈtrəʊl]
patrulhar (vt)	to patrol (vi, vt)	[tə pəˈtrəʊl]
sentinela (f)	sentry, guard	['sentrɪ], [gɑːd]

guerreiro (m)	warrior	['wɒrɪə(r)]
patriota (m)	patriot	['peɪtrɪət]
herói (m)	hero	['hɪərəʊ]
heroína (f)	heroine	['herəʊɪn]

traidor (m)	traitor	['treɪtə(r)]
trair (vt)	to betray (vt)	[tə bɪˈtreɪ]

desertor (m)	deserter	[dɪˈzɜːtə(r)]
desertar (vi)	to desert (vi)	[tə dɪˈzɜːt]

mercenário (m)	mercenary	['mɜːsɪnərɪ]
recruta (m)	recruit	[rɪˈkruːt]
voluntário (m)	volunteer	[ˌvɒlənˈtɪə(r)]

morto (m)	dead	[ded]
ferido (m)	wounded	['wuːndɪd]
prisioneiro (m) de guerra	prisoner of war	['prɪzənə əv wɔː]

112. Guerra. Ações militares. Parte 1

guerra (f)	war	[wɔː(r)]
guerrear (vt)	to be at war	[tə bi ət wɔː]

guerra (f) civil	civil war	['sɪvəl wɔ:]
perfidamente	treacherously	['tretʃərəslɪ]
declaração (f) de guerra	declaration of war	[,deklə'reɪʃən əv wɔ:]
declarar guerra	to declare (vt)	[tə dɪ'kleə(r)]
agressão (f)	aggression	[ə'greʃən]
atacar (vt)	to attack (vt)	[tə ə'tæk]

invadir (vt)	to invade (vt)	[tu ɪn'veɪd]
invasor (m)	invader	[ɪn'veɪdə(r)]
conquistador (m)	conqueror	['kɒŋkərə(r)]

defesa (f)	defense	[dɪ'fens]
defender (vt)	to defend (vt)	[tə dɪ'fend]
defender-se (vr)	to defend (against ...)	[tə dɪ'fend]

inimigo (m)	enemy, hostile	['enɪmɪ], ['hɒstəl]
adversário (m)	adversary	['ædvəsərɪ]
inimigo (adj)	enemy	['enɪmɪ]

| estratégia (f) | strategy | ['strætɪdʒɪ] |
| tática (f) | tactics | ['tæktɪks] |

ordem (f)	order	['ɔ:də(r)]
comando (m)	command	[kə'mɑ:nd]
ordenar (vt)	to order (vt)	[tə 'ɔ:də(r)]
missão (f)	mission	['mɪʃən]
secreto (adj)	secret	['si:krɪt]

| batalha (f) | battle | ['bætəl] |
| combate (m) | combat | ['kɒmbæt] |

ataque (m)	attack	[ə'tæk]
assalto (m)	charge	[tʃɑ:dʒ]
assaltar (vt)	to storm (vt)	[tə stɔ:m]
assédio, sítio (m)	siege	[si:dʒ]

| ofensiva (f) | offensive | [ə'fensɪv] |
| tomar à ofensiva | to go on the offensive | [tə gəu ɒn ði ə'fensɪv] |

| retirada (f) | retreat | [rɪ'tri:t] |
| retirar-se (vr) | to retreat (vi) | [tə rɪ'tri:t] |

| cerco (m) | encirclement | [ɪn'sɜ:kəlmənt] |
| cercar (vt) | to encircle (vt) | [tə ɪn'sɜ:kəl] |

bombardeio (m)	bombing	['bɒmɪŋ]
lançar uma bomba	to drop a bomb	[tə drɒp ə bɒm]
bombardear (vt)	to bomb (vt)	[tə bɒm]
explosão (f)	explosion	[ɪk'spləuʒən]

tiro (m)	shot	[ʃɒt]
dar um tiro	to fire a shot	[tə ,faɪə ə 'ʃɒt]
tiroteio (m)	firing	['faɪərɪŋ]

| apontar para ... | to aim (vt) | [tə eɪm] |
| apontar (vt) | to point (vt) | [tə pɔɪnt] |

105

acertar (vt)	to hit (vt)	[tə hɪt]
afundar (~ um navio, etc.)	to sink (vt)	[tə sɪŋk]
brecha (f)	hole	[həʊl]
afundar-se (vr)	to founder, to sink (vi)	[tə 'faʊndə(r)], [tə sɪŋk]

frente (m)	front	[frʌnt]
evacuação (f)	evacuation	[ɪˌvækjʊ'eɪʃən]
evacuar (vt)	to evacuate (vt)	[tə ɪ'vækjʊeɪt]

trincheira (f)	trench	[trentʃ]
arame (m) enfarpado	barbwire	['bɑːbˌwaɪə(r)]
barreira (f) anti-tanque	barrier	['bærɪə(r)]
torre (f) de vigia	watchtower	['wɒtʃˌtaʊə(r)]

hospital (m) militar	hospital	['hɒspɪtəl]
ferir (vt)	to wound (vt)	[tə wuːnd]
ferida (f)	wound	[wuːnd]
ferido (m)	wounded	['wuːndɪd]
ficar ferido	to be wounded	[tə bi 'wuːndɪd]
grave (ferida ~)	serious	['sɪərɪəs]

113. Guerra. Ações militares. Parte 2

cativeiro (m)	captivity	[kæp'tɪvətɪ]
capturar (vt)	to take sb captive	[tə teɪk … 'kæptɪv]
estar em cativeiro	to be held captive	[tə bi held 'kæptɪv]
ser aprisionado	to be taken captive	[tə bi 'teɪkən 'kæptɪv]

campo (m) de concentração	concentration camp	[ˌkɒnsən'treɪʃən kæmp]
prisioneiro (m) de guerra	prisoner of war	['prɪzənə əv wɔː]
escapar (vi)	to escape (vi)	[tə ɪ'skeɪp]

fuzilar, executar (vt)	to execute (vt)	[tə 'eksɪkjuːt]
fuzilamento (m)	execution	[ˌeksɪ'kjuːʃən]

equipamento (m)	equipment	[ɪ'kwɪpmənt]
insígnia (f) de ombro	shoulder board	['ʃəʊldə bɔːd]
máscara (f) de gás	gas mask	['gæs mɑːsk]

rádio (m)	field radio	[fiːld 'reɪdɪəʊ]
cifra (f), código (m)	cipher, code	['saɪfə(r)], [kəʊd]
conspiração (f)	secrecy	['siːkrəsɪ]
senha (f)	password	['pɑːswɜːd]

mina (f)	land mine	[lænd maɪn]
minar (vt)	to mine (vt)	[tə maɪn]
campo (m) minado	minefield	['maɪnfiːld]

alarme (m) aéreo	air-raid warning	[eə reɪd 'wɔːnɪŋ]
alarme (m)	alarm	[ə'lɑːm]
sinal (m)	signal	['sɪgnəl]
sinalizador (m)	signal flare	['sɪgnəl fleə(r)]
quartel-general (m)	headquarters	[ˌhed'kwɔːtəz]
reconhecimento (m)	reconnaissance	[rɪ'kɒnɪsəns]

situação (f)	situation	[ˌsɪtjʊ'eɪʃən]
relatório (m)	report	[rɪ'pɔːt]
emboscada (f)	ambush	['æmbʊʃ]
reforço (m)	reinforcement	[ˌriːɪn'fɔːsmənt]

alvo (m)	target	['tɑːgɪt]
campo (m) de tiro	proving ground	['pruːvɪŋ graʊnd]
manobras (f pl)	military exercise	['mɪlɪtərɪ 'eksəsaɪz]

pânico (m)	panic	['pænɪk]
devastação (f)	devastation	[ˌdevə'steɪʃən]
ruínas (f pl)	destruction, ruins	[dɪ'strʌkʃən], ['ruːɪnz]
destruir (vt)	to destroy (vt)	[tə dɪ'strɔɪ]

sobreviver (vi)	to survive (vi, vt)	[tə sə'vaɪv]
desarmar (vt)	to disarm (vt)	[tə dɪs'ɑːm]
manusear (vt)	to handle (vt)	[tə 'hændəl]

| Sentido! | Attention! | [ə'tenʃən] |
| Descansar! | At ease! | [ət 'iːz] |

façanha (f)	feat, act of courage	[fiːt], [ækt əv 'kʌrɪdʒ]
juramento (m)	oath	[əʊθ]
jurar (vi)	to swear (vi, vt)	[tə sweə(r)]

condecoração (f)	decoration	[ˌdekə'reɪʃən]
condecorar (vt)	to award (vt)	[tə ə'wɔːd]
medalha (f)	medal	['medəl]
ordem (f)	order	['ɔːdə(r)]

vitória (f)	victory	['vɪktərɪ]
derrota (f)	defeat	[dɪ'fiːt]
armistício (m)	armistice	['ɑːmɪstɪs]

bandeira (f)	standard	['stændəd]
glória (f)	glory	['glɔːrɪ]
parada (f)	parade	[pə'reɪd]
marchar (vi)	to march (vi)	[tə mɑːtʃ]

114. Armas

arma (f)	weapons	['wepənz]
arma (f) de fogo	firearms	['faɪərɑːmz]
arma (f) branca	cold weapons	[ˌkəʊld 'wepənz]

arma (f) química	chemical weapons	['kemɪkəl 'wepənz]
nuclear (adj)	nuclear	['njuːklɪə(r)]
arma (f) nuclear	nuclear weapons	['njuːklɪə 'wepənz]

| bomba (f) | bomb | [bɒm] |
| bomba (f) atômica | atomic bomb | [ə'tɒmɪk bɒm] |

| pistola (f) | pistol | ['pɪstəl] |
| rifle (m) | rifle | ['raɪfəl] |

| semi-automática (f) | submachine gun | [ˌsʌbməˈʃiːn gʌn] |
| metralhadora (f) | machine gun | [məˈʃiːn gʌn] |

boca (f)	muzzle	[ˈmʌzəl]
cano (m)	barrel	[ˈbærəl]
calibre (m)	caliber	[ˈkælɪbə(r)]

| gatilho (m) | trigger | [ˈtrɪɡə(r)] |
| mira (f) | sight | [saɪt] |

| carregador (m) | magazine | [ˌmæɡəˈziːn] |
| coronha (f) | butt | [bʌt] |

| granada (f) de mão | hand grenade | [hænd ɡrəˈneɪd] |
| explosivo (m) | explosive | [ɪkˈspləʊsɪv] |

| bala (f) | bullet | [ˈbʊlɪt] |
| cartucho (m) | cartridge | [ˈkɑːtrɪdʒ] |

| carga (f) | charge | [tʃɑːdʒ] |
| munições (f pl) | ammunition | [ˌæmjʊˈnɪʃən] |

bombardeiro (m)	bomber	[ˈbɒmə(r)]
avião (m) de caça	fighter	[ˈfaɪtə(r)]
helicóptero (m)	helicopter	[ˈhelɪkɒptə(r)]

canhão (m) antiaéreo	anti-aircraft gun	[ˈæntɪ ˈeəkrɑːft gʌn]
tanque (m)	tank	[tæŋk]
canhão (de um tanque)	tank gun	[ˈtæŋk ˌgʌn]

| artilharia (f) | artillery | [ɑːˈtɪlərɪ] |
| canhão (m) | cannon | [ˈkænən] |

| projétil (m) | shell | [ʃel] |
| granada (f) de morteiro | mortar bomb | [ˈmɔːtə bɒm] |

| morteiro (m) | mortar | [ˈmɔːtə(r)] |
| estilhaço (m) | splinter | [ˈsplɪntə(r)] |

submarino (m)	submarine	[ˌsʌbməˈriːn]
torpedo (m)	torpedo	[tɔːˈpiːdəʊ]
míssil (m)	missile	[ˈmɪsəl]

| carregar (uma arma) | to load (vt) | [tə ləʊd] |
| disparar, atirar (vi) | to shoot (vi) | [tə ʃuːt] |

| apontar para ... | to take aim at ... | [tə teɪk eɪm ət] |
| baioneta (f) | bayonet | [ˈbeɪənɪt] |

espada (f)	rapier	[ˈreɪpjə(r)]
sabre (m)	saber	[ˈseɪbə(r)]
lança (f)	spear	[spɪə(r)]
arco (m)	bow	[bəʊ]
flecha (f)	arrow	[ˈærəʊ]
mosquete (m)	musket	[ˈmʌskɪt]
besta (f)	crossbow	[ˈkrɒsbəʊ]

115. Povos da antiguidade

primitivo (adj)	primitive	['prɪmɪtɪv]
pré-histórico (adj)	prehistoric	[ˌpri:hɪ'stɒrɪk]
antigo (adj)	ancient	['eɪnʃənt]
Idade (f) da Pedra	Stone Age	[ˌstəʊn 'eɪdʒ]
Idade (f) do Bronze	Bronze Age	['brɒnz ˌeɪdʒ]
Era (f) do Gelo	Ice Age	['aɪs ˌeɪdʒ]
tribo (f)	tribe	[traɪb]
canibal (m)	cannibal	['kænɪbəl]
caçador (m)	hunter	['hʌntə(r)]
caçar (vi)	to hunt (vi, vt)	[tə hʌnt]
mamute (m)	mammoth	['mæməθ]
caverna (f)	cave	[keɪv]
fogo (m)	fire	['faɪə(r)]
fogueira (f)	campfire	['kæmpˌfaɪə(r)]
pintura (f) rupestre	cave painting	[keɪv 'peɪntɪŋ]
ferramenta (f)	tool	[tu:l]
lança (f)	spear	[spɪə(r)]
machado (m) de pedra	stone ax	[stəʊn æks]
guerrear (vt)	to be at war	[tə bi ət wɔ:]
domesticar (vt)	to domesticate (vt)	[tə də'mestɪkeɪt]
ídolo (m)	idol	['aɪdəl]
adorar, venerar (vt)	to worship (vt)	[tə 'wɜ:ʃɪp]
superstição (f)	superstition	[ˌsu:pə'stɪʃən]
ritual (m)	rite	[raɪt]
evolução (f)	evolution	[ˌi:və'lu:ʃən]
desenvolvimento (m)	development	[dɪ'veləpmənt]
extinção (f)	disappearance	[ˌdɪsə'pɪərəns]
adaptar-se (vr)	to adapt oneself	[tə ə'dæpt wʌn'self]
arqueologia (f)	archeology	[ˌɑ:kɪ'ɒlədʒɪ]
arqueólogo (m)	archeologist	[ˌɑ:kɪ'ɒlədʒɪst]
arqueológico (adj)	archeological	[ˌɑ:kɪə'lɒdʒɪkəl]
escavação (sítio)	excavation site	[ˌekskə'veɪʃən saɪt]
escavações (f pl)	excavations	[ˌekskə'veɪʃənz]
achado (m)	find	[faɪnd]
fragmento (m)	fragment	['frægmənt]

116. Idade média

povo (m)	people	['pi:pəl]
povos (m pl)	peoples	['pi:pəlz]
tribo (f)	tribe	[traɪb]
tribos (f pl)	tribes	[traɪbz]
bárbaros (pl)	barbarians	[bɑ:'beərɪənz]

galeses (pl)	Gauls	[gɔːlz]
godos (pl)	Goths	[gɒθs]
eslavos (pl)	Slavs	[slɑːvz]
viquingues (pl)	Vikings	['vaɪkɪŋz]

romanos (pl)	Romans	['rəʊmənz]
romano (adj)	Roman	['rəʊmən]

bizantinos (pl)	Byzantines	['bɪzəntiːnz]
Bizâncio	Byzantium	[bɪ'zæntɪəm]
bizantino (adj)	Byzantine	['bɪzəntiːn]

imperador (m)	emperor	['empərə(r)]
líder (m)	leader, chief	['liːdə], [ʧiːf]
poderoso (adj)	powerful	['paʊəfʊl]
rei (m)	king	[kɪŋ]
governante (m)	ruler	['ruːlə(r)]

cavaleiro (m)	knight	[naɪt]
senhor feudal (m)	feudal lord	['fjuːdəl lɔːd]
feudal (adj)	feudal	['fjuːdəl]
vassalo (m)	vassal	['væsəl]

duque (m)	duke	[duːk]
conde (m)	earl	[ɜːl]
barão (m)	baron	['bærən]
bispo (m)	bishop	['bɪʃəp]

armadura (f)	armor	['ɑːmə(r)]
escudo (m)	shield	[ʃiːld]
espada (f)	sword	[sɔːd]
viseira (f)	visor	['vaɪzə(r)]
cota (f) de malha	chainmail	[ʧeɪn meɪl]

cruzada (f)	Crusade	[kruː'seɪd]
cruzado (m)	crusader	[kruː'seɪdə(r)]

território (m)	territory	['terətrɪ]
atacar (vt)	to attack (vt)	[tə ə'tæk]
conquistar (vt)	to conquer (vt)	[tə 'kɒŋkə(r)]
ocupar, invadir (vt)	to occupy (vt)	[tə 'ɒkjʊpaɪ]

assédio, sítio (m)	siege	[siːʤ]
sitiado (adj)	besieged	[bɪ'siːʤd]
assediar, sitiar (vt)	to besiege (vt)	[tə bɪ'siːʤ]

inquisição (f)	inquisition	[ˌɪnkwɪ'zɪʃən]
inquisidor (m)	inquisitor	[ɪn'kwɪzɪtə(r)]
tortura (f)	torture	['tɔːʧə(r)]
cruel (adj)	cruel	[krʊəl]
herege (m)	heretic	['herətɪk]
heresia (f)	heresy	['herəsɪ]

navegação (f) marítima	seafaring	['siːˌfeərɪŋ]
pirata (m)	pirate	['paɪrət]
pirataria (f)	piracy	['paɪrəsɪ]

abordagem (f)	boarding	['bɔːdɪŋ]
presa (f), butim (m)	loot	[luːt]
tesouros (m pl)	treasures	['treʒəz]

descobrimento (m)	discovery	[dɪ'skʌvərɪ]
descobrir (novas terras)	to discover (vt)	[tə dɪ'skʌvə(r)]
expedição (f)	expedition	[ˌekspɪ'dɪʃən]

mosqueteiro (m)	musketeer	[ˌmʌskɪ'tɪə(r)]
cardeal (m)	cardinal	['kɑːdɪnəl]
heráldica (f)	heraldry	['herəldrɪ]
heráldico (adj)	heraldic	[he'rældɪk]

117. Líder. Chefe. Autoridades

rei (m)	king	[kɪŋ]
rainha (f)	queen	[kwiːn]
real (adj)	royal	['rɔɪəl]
reino (m)	kingdom	['kɪŋdəm]

| príncipe (m) | prince | [prɪns] |
| princesa (f) | princess | [prɪn'ses] |

presidente (m)	president	['prezɪdənt]
vice-presidente (m)	vice-president	[vaɪs 'prezɪdənt]
senador (m)	senator	['senətə(r)]

monarca (m)	monarch	['mɒnək]
governante (m)	ruler	['ruːlə(r)]
ditador (m)	dictator	[dɪk'teɪtə(r)]
tirano (m)	tyrant	['taɪrənt]
magnata (m)	magnate	['mægneɪt]

diretor (m)	director	[dɪ'rektə(r)]
chefe (m)	chief	[ʧiːf]
gerente (m)	manager	['mænɪʤə(r)]
patrão (m)	boss	[bɒs]
dono (m)	owner	['əʊnə(r)]

líder (m)	leader	['liːdə(r)]
chefe (m)	head	[hed]
autoridades (f pl)	authorities	[ɔː'θɒrətɪz]
superiores (m pl)	superiors	[suː'pɪərɪərz]

governador (m)	governor	['gʌvənə(r)]
cônsul (m)	consul	['kɒnsəl]
diplomata (m)	diplomat	['dɪpləmæt]
Presidente (m) da Câmara	mayor	[meə(r)]
xerife (m)	sheriff	['ʃerɪf]

imperador (m)	emperor	['empərə(r)]
czar (m)	tsar	[zɑː(r)]
faraó (m)	pharaoh	['feərəʊ]
cã, khan (m)	khan	[kɑːn]

118. Violação da lei. Criminosos. Parte 1

bandido (m)	bandit	['bændɪt]
crime (m)	crime	[kraɪm]
criminoso (m)	criminal	['krɪmɪnəl]
ladrão (m)	thief	[θi:f]
roubar (vt)	to steal (vt)	[tə sti:l]
roubo (atividade)	stealing	['sti:lɪŋ]
furto (m)	theft	[θeft]
raptar, sequestrar (vt)	to kidnap (vt)	[tə 'kɪdnæp]
sequestro (m)	kidnapping	['kɪdnæpɪŋ]
sequestrador (m)	kidnapper	['kɪdnæpə(r)]
resgate (m)	ransom	['rænsəm]
pedir resgate	to demand ransom	[tə dɪ'mɑ:nd 'rænsəm]
roubar (vt)	to rob (vt)	[tə rɒb]
assalto, roubo (m)	robbery	['rɒbərɪ]
assaltante (m)	robber	['rɒbə(r)]
extorquir (vt)	to extort (vt)	[tə ɪk'stɔ:t]
extorsionário (m)	extortionist	[ɪk'stɔ:ʃənɪst]
extorsão (f)	extortion	[ɪk'stɔ:ʃən]
matar, assassinar (vt)	to murder, to kill	[tə 'mɜ:də(r)], [tə kɪl]
homicídio (m)	murder	['mɜ:də(r)]
homicida, assassino (m)	murderer	['mɜ:dərə(r)]
tiro (m)	gunshot	['gʌnʃɒt]
dar um tiro	to fire a shot	[tə ˌfaɪə ə 'ʃɒt]
matar a tiro	to shoot to death	[tə ʃu:t tə deθ]
disparar, atirar (vi)	to shoot (vi)	[tə ʃu:t]
tiroteio (m)	shooting	['ʃu:tɪŋ]
incidente (m)	incident	['ɪnsɪdənt]
briga (~ de rua)	fight, brawl	[faɪt], [brɔ:l]
Socorro!	Help!	[help]
vítima (f)	victim	['vɪktɪm]
danificar (vt)	to damage (vt)	[tə 'dæmɪdʒ]
dano (m)	damage	['dæmɪdʒ]
cadáver (m)	dead body, corpse	[ded 'bɒdɪ], [kɔ:ps]
grave (adj)	grave	[greɪv]
atacar (vt)	to attack (vt)	[tə ə'tæk]
bater (espancar)	to beat (vt)	[tə bi:t]
espancar (vt)	to beat ... up	[tə bi:t ... ʌp]
tirar, roubar (dinheiro)	to take (vt)	[tə teɪk]
esfaquear (vt)	to stab to death	[tə stæb tə deθ]
mutilar (vt)	to maim (vt)	[tə meɪm]
ferir (vt)	to wound (vt)	[tə wu:nd]
chantagem (f)	blackmail	['blækˌmeɪl]
chantagear (vt)	to blackmail (vt)	[tə 'blækˌmeɪl]

chantagista (m) | blackmailer | ['blæk,meɪlə(r)]
extorsão (f) | protection racket | [prə'tekʃən 'rækɪt]
extorsionário (m) | racketeer | [,rækə'tɪə(r)]
gângster (m) | gangster | ['gæŋstə(r)]
máfia (f) | mafia, Mob | ['mæfɪə], [mɒb]

punguista (m) | pickpocket | ['pɪk,pɒkɪt]
assaltante, ladrão (m) | burglar | ['bɜːglə]
contrabando (m) | smuggling | ['smʌglɪŋ]
contrabandista (m) | smuggler | ['smʌglə(r)]

falsificação (f) | forgery | ['fɔːdʒərɪ]
falsificar (vt) | to forge (vt) | [tə fɔːdʒ]
falsificado (adj) | fake, forged | [feɪk], ['fɔːdʒd]

119. Violação da lei. Criminosos. Parte 2

estupro (m) | rape | [reɪp]
estuprar (vt) | to rape (vt) | [tə reɪp]
estuprador (m) | rapist | ['reɪpɪst]
maníaco (m) | maniac | ['meɪnɪæk]

prostituta (f) | prostitute | ['prɒstɪtjuːt]
prostituição (f) | prostitution | [,prɒstɪ'tjuːʃən]
cafetão (m) | pimp | [pɪmp]

drogado (m) | drug addict | ['drʌg,ædɪkt]
traficante (m) | drug dealer | ['drʌg ,diːlə(r)]

explodir (vt) | to blow up (vt) | [tə bləʊ ʌp]
explosão (f) | explosion | [ɪk'spləʊʒən]
incendiar (vt) | to set fire | [tə set 'faɪə(r)]
incendiário (m) | arsonist | ['ɑːsənɪst]

terrorismo (m) | terrorism | ['terərɪzəm]
terrorista (m) | terrorist | ['terərɪst]
refém (m) | hostage | ['hɒstɪdʒ]

enganar (vt) | to swindle (vt) | [tə 'swɪndəl]
engano (m) | swindle, deception | ['swɪndəl], [dɪ'sepʃən]
vigarista (m) | swindler | ['swɪndlə(r)]

subornar (vt) | to bribe (vt) | [tə braɪb]
suborno (atividade) | bribery | ['braɪbərɪ]
suborno (dinheiro) | bribe | [braɪb]

veneno (m) | poison | ['pɔɪzən]
envenenar (vt) | to poison (vt) | [tə 'pɔɪzən]
envenenar-se (vr) | to poison oneself | [tə 'pɔɪzən wʌn'self]

suicídio (m) | suicide | ['suːɪsaɪd]
suicida (m) | suicide | ['suːɪsaɪd]
ameaçar (vt) | to threaten (vt) | [tə 'θretən]
ameaça (f) | threat | [θret]

113

atentar contra a vida de …	to make an attempt	[tə meɪk ən ə'tempt]
atentado (m)	attempt	[ə'tempt]

roubar (um carro)	to steal (vt)	[tə sti:l]
sequestrar (um avião)	to hijack (vt)	[tə 'haɪdʒæk]

vingança (f)	revenge	[rɪ'vendʒ]
vingar (vt)	to avenge (vt)	[tə ə'vendʒ]

torturar (vt)	to torture (vt)	[tə 'tɔ:tʃə(r)]
tortura (f)	torture	['tɔ:tʃə(r)]
atormentar (vt)	to torment (vt)	[tə tɔ:'ment]

pirata (m)	pirate	['paɪrət]
desordeiro (m)	hooligan	['hu:lɪgən]
armado (adj)	armed	[ɑ:md]
violência (f)	violence	['vaɪələns]
ilegal (adj)	illegal	[ɪ'li:gəl]

espionagem (f)	spying, espionage	['spaɪɪŋ], ['espɪə,nɑ:ʒ]
espionar (vi)	to spy (vi)	[tə spaɪ]

120. Polícia. Lei. Parte 1

justiça (sistema de ~)	justice	['dʒʌstɪs]
tribunal (m)	court	[kɔ:t]

juiz (m)	judge	[dʒʌdʒ]
jurados (m pl)	jurors	['dʒʊərəz]
tribunal (m) do júri	jury trial	['dʒʊərɪ 'traɪəl]
julgar (vt)	to judge (vt)	[tə dʒʌdʒ]

advogado (m)	lawyer, attorney	['lɔ:jə(r)], [ə'tɜ:nɪ]
réu (m)	defendant	[dɪ'fendənt]
banco (m) dos réus	dock	[dɒk]

acusação (f)	charge	[tʃɑ:dʒ]
acusado (m)	accused	[ə'kju:zd]

sentença (f)	sentence	['sentəns]
sentenciar (vt)	to sentence (vt)	[tə 'sentəns]

punir (vt)	to punish (vt)	[tə 'pʌnɪʃ]
punição (f)	punishment	['pʌnɪʃmənt]

multa (f)	fine	[faɪn]
prisão (f) perpétua	life imprisonment	[laɪf ɪm'prɪzənmənt]
pena (f) de morte	death penalty	['deθ ,penəltɪ]
cadeira (f) elétrica	electric chair	[ɪ'lektrɪk 'tʃeə(r)]
forca (f)	gallows	['gæləʊz]

executar (vt)	to execute (vt)	[tə 'eksɪkju:t]
execução (f)	execution	[,eksɪ'kju:ʃən]
prisão (f)	prison, jail	['prɪzən], [dʒeɪl]

cela (f) de prisão	cell	[sel]
escolta (f)	escort	['eskɔːt]
guarda (m) prisional	prison guard	['prɪzən gɑːd]
preso, prisioneiro (m)	prisoner	['prɪzənə(r)]
algemas (f pl)	handcuffs	['hændkʌfs]
algemar (vt)	to handcuff (vt)	[tə 'hændkʌf]
fuga, evasão (f)	prison break	['prɪzən breɪk]
fugir (vi)	to break out (vi)	[tə breɪk 'aʊt]
desaparecer (vi)	to disappear (vi)	[tə ˌdɪsə'pɪə(r)]
soltar, libertar (vt)	to release (vt)	[tə rɪ'liːs]
anistia (f)	amnesty	['æmnəstɪ]
polícia (instituição)	police	[pə'liːs]
polícia (m)	police officer	[pə'liːs 'ɒfɪsə(r)]
delegacia (f) de polícia	police station	[pə'liːs 'steɪʃən]
cassetete (m)	billy club	['bɪlɪ klʌb]
megafone (m)	bullhorn	['bʊlhɔːn]
carro (m) de patrulha	patrol car	[pə'trəʊl kɑː(r)]
sirene (f)	siren	['saɪərən]
ligar a sirene	to turn on the siren	[tə tɜːn ˌɒn ðə 'saɪərən]
toque (m) da sirene	siren call	['saɪərən kɔːl]
cena (f) do crime	crime scene	[kraɪm siːn]
testemunha (f)	witness	['wɪtnɪs]
liberdade (f)	freedom	['friːdəm]
cúmplice (m)	accomplice	[ə'kʌmplɪs]
traço (não deixar ~s)	trace	[treɪs]

121. Polícia. Lei. Parte 2

procura (f)	search	[sɜːtʃ]
procurar (vt)	to look for ...	[tə lʊk fɔː(r)]
suspeita (f)	suspicion	[sə'spɪʃən]
suspeito (adj)	suspicious	[sə'spɪʃəs]
parar (veículo, etc.)	to stop (vt)	[tə stɒp]
deter (fazer parar)	to detain (vt)	[tə dɪ'teɪn]
caso (~ criminal)	case	[keɪs]
investigação (f)	investigation	[ɪnˌvestɪ'geɪʃən]
detetive (m)	detective	[dɪ'tektɪv]
investigador (m)	investigator	[ɪn'vestɪˌgeɪtə(r)]
versão (f)	hypothesis	[haɪ'pɒθɪsɪs]
motivo (m)	motive	['məʊtɪv]
interrogatório (m)	interrogation	[ɪnˌterə'geɪʃən]
interrogar (vt)	to interrogate (vt)	[tə ɪn'terəgeɪt]
questionar (vt)	to question (vt)	[tə 'kwestʃən]
verificação (f)	check	[tʃek]
batida (f) policial	round-up	[raʊndʌp]
busca (f)	search	[sɜːtʃ]

perseguição (f)	chase	[ʧeɪs]
perseguir (vt)	to pursue, to chase	[tə pə'sju:], [tə ʧeɪs]
seguir, rastrear (vt)	to track (vt)	[tə træk]

prisão (f)	arrest	[ə'rest]
prender (vt)	to arrest (vt)	[tə ə'rest]
pegar, capturar (vt)	to catch (vt)	[tə kæʧ]
captura (f)	capture	['kæpʧə(r)]

documento (m)	document	['dɒkjʊmənt]
prova (f)	proof	[pru:f]
provar (vt)	to prove (vt)	[tə pru:v]
pegada (f)	footprint	['fʊtprɪnt]
impressões (f pl) digitais	fingerprints	['fɪŋgəprɪnts]
prova (f)	piece of evidence	[pi:s ɒf 'evɪdəns]

álibi (m)	alibi	['ælɪbaɪ]
inocente (adj)	innocent	['ɪnəsənt]
injustiça (f)	injustice	[ɪn'dʒʌstɪs]
injusto (adj)	unjust, unfair	[ˌʌn'dʒʌst], [ˌʌn'feə(r)]

criminal (adj)	criminal	['krɪmɪnəl]
confiscar (vt)	to confiscate (vt)	[tə 'kɒnfɪskeɪt]
droga (f)	drug	[drʌg]
arma (f)	weapon, gun	['wepən], [gʌn]
desarmar (vt)	to disarm (vt)	[tə dɪs'ɑ:m]
ordenar (vt)	to order (vt)	[tə 'ɔ:də(r)]
desaparecer (vi)	to disappear (vi)	[tə ˌdɪsə'pɪə(r)]

lei (f)	law	[lɔ:]
legal (adj)	legal, lawful	['li:gəl], ['lɔ:fʊl]
ilegal (adj)	illegal, illicit	[ɪ'li:gəl], [ɪ'lɪsɪt]

| responsabilidade (f) | responsibility | [rɪˌspɒnsə'bɪlɪtɪ] |
| responsável (adj) | responsible | [rɪ'spɒnsəbəl] |

NATUREZA

A Terra. Parte 1

122. Espaço sideral

espaço, cosmo (m)	space	[speɪs]
espacial, cósmico (adj)	space	[speɪs]
espaço (m) cósmico	outer space	['aʊtə speɪs]
mundo (m)	world	[wɜ:ld]
universo (m)	universe	['ju:nɪvɜ:s]
galáxia (f)	galaxy	['gæləksɪ]
estrela (f)	star	[stɑ:(r)]
constelação (f)	constellation	[ˌkɒnstə'leɪʃən]
planeta (m)	planet	['plænɪt]
satélite (m)	satellite	['sætəlaɪt]
meteorito (m)	meteorite	['mi:tjəraɪt]
cometa (m)	comet	['kɒmɪt]
asteroide (m)	asteroid	['æstərɔɪd]
órbita (f)	orbit	['ɔ:bɪt]
girar (vi)	to rotate (vi)	[tə rəʊ'teɪt]
atmosfera (f)	atmosphere	['ætməˌsfɪə(r)]
Sol (m)	the Sun	[ðə sʌn]
Sistema (m) Solar	solar system	['səʊlə 'sɪstəm]
eclipse (m) solar	solar eclipse	['səʊlə ɪ'klɪps]
Terra (f)	the Earth	[ðɪ ɜ:θ]
Lua (f)	the Moon	[ðə mu:n]
Marte (m)	Mars	[mɑ:z]
Vênus (f)	Venus	['vi:nəs]
Júpiter (m)	Jupiter	['dʒu:pɪtə(r)]
Saturno (m)	Saturn	['sætən]
Mercúrio (m)	Mercury	['mɜ:kjʊrɪ]
Urano (m)	Uranus	['jʊərənəs]
Netuno (m)	Neptune	['neptju:n]
Plutão (m)	Pluto	['plu:təʊ]
Via Láctea (f)	Milky Way	['mɪlkɪ weɪ]
Ursa Maior (f)	Great Bear	[greɪt beə(r)]
Estrela Polar (f)	North Star	[nɔ:θ stɑ:(r)]
marciano (m)	Martian	['mɑ:ʃən]
extraterrestre (m)	extraterrestrial	[ˌekstrətə'restrɪəl]

| alienígena (m) | alien | ['eɪljən] |
| disco (m) voador | flying saucer | ['flaɪɪŋ 'sɔ:sə(r)] |

espaçonave (f)	spaceship	['speɪsʃɪp]
estação (f) orbital	space station	[speɪs 'steɪʃən]
lançamento (m)	blast-off	[blɑ:st ɒf]

motor (m)	engine	['endʒɪn]
bocal (m)	nozzle	['nɒzəl]
combustível (m)	fuel	[fjʊəl]

cabine (f)	cockpit	['kɒkpɪt]
antena (f)	antenna	[æn'tenə]
vigia (f)	porthole	['pɔ:thəʊl]
bateria (f) solar	solar panel	['səʊlə 'pænəl]
traje (m) espacial	spacesuit	['speɪssu:t]

| imponderabilidade (f) | weightlessness | ['weɪtlɪsnɪs] |
| oxigênio (m) | oxygen | ['ɒksɪdʒən] |

| acoplagem (f) | docking | ['dɒkɪŋ] |
| fazer uma acoplagem | to dock (vi, vt) | [tə dɒk] |

observatório (m)	observatory	[əb'zɜ:vətrɪ]
telescópio (m)	telescope	['telɪskəʊp]
observar (vt)	to observe (vt)	[tə əb'zɜ:v]
explorar (vt)	to explore (vt)	[tə ɪk'splɔ:(r)]

123. A Terra

Terra (f)	the Earth	[ðɪ ɜ:θ]
globo terrestre (Terra)	the globe	[ðɪ gləʊb]
planeta (m)	planet	['plænɪt]

atmosfera (f)	atmosphere	['ætmə‚sfɪə(r)]
geografia (f)	geography	[dʒɪ'ɒgrəfɪ]
natureza (f)	nature	['neɪtʃə(r)]

globo (mapa esférico)	globe	[gləʊb]
mapa (m)	map	[mæp]
atlas (m)	atlas	['ætləs]

| Europa (f) | Europe | ['jʊərəp] |
| Ásia (f) | Asia | ['eɪʒə] |

| África (f) | Africa | ['æfrɪkə] |
| Austrália (f) | Australia | [ɒ'streɪljə] |

América (f)	America	[ə'merɪkə]
América (f) do Norte	North America	[nɔ:θ ə'merɪkə]
América (f) do Sul	South America	[saʊθ ə'merɪkə]

| Antártida (f) | Antarctica | [ænt'ɑ:ktɪkə] |
| Ártico (m) | the Arctic | [ðə 'ɑrktɪk] |

124. Pontos cardeais

norte (m)	north	[nɔ:θ]
para norte	to the north	[tə ðə nɔ:θ]
no norte	in the north	[ɪn ðə nɔ:θ]
do norte (adj)	northern	['nɔ:ðən]
sul (m)	south	[saʊθ]
para sul	to the south	[tə ðə saʊθ]
no sul	in the south	[ɪn ðə saʊθ]
do sul (adj)	southern	['sʌðən]
oeste, ocidente (m)	west	[west]
para oeste	to the west	[tə ðə west]
no oeste	in the west	[ɪn ðə west]
ocidental (adj)	western	['westən]
leste, oriente (m)	east	[i:st]
para leste	to the east	[tə ðɪ i:st]
no leste	in the east	[ɪn ðɪ i:st]
oriental (adj)	eastern	['i:stən]

125. Mar. Oceano

mar (m)	sea	[si:]
oceano (m)	ocean	['əʊʃən]
golfo (m)	gulf	[gʌlf]
estreito (m)	straits	[streɪts]
terra (f) firme	land	[lænd]
continente (m)	continent	['kɒntɪnənt]
ilha (f)	island	['aɪlənd]
península (f)	peninsula	[pə'nɪnsjʊlə]
arquipélago (m)	archipelago	[,ɑ:kɪ'pelɪgəʊ]
baía (f)	bay	[beɪ]
porto (m)	harbor	['hɑ:bə(r)]
lagoa (f)	lagoon	[lə'gu:n]
cabo (m)	cape	[keɪp]
atol (m)	atoll	['ætɒl]
recife (m)	reef	[ri:f]
coral (m)	coral	['kɒrəl]
recife (m) de coral	coral reef	['kɒrəl ri:f]
profundo (adj)	deep	[di:p]
profundidade (f)	depth	[depθ]
abismo (m)	abyss	[ə'bɪs]
fossa (f) oceânica	trench	[trentʃ]
corrente (f)	current	['kʌrənt]
banhar (vt)	to surround (vt)	[tə sə'raʊnd]
litoral (m)	shore	[ʃɔ:(r)]

costa (f)	coast	[kəʊst]
maré (f) alta	flow	[fləʊ]
refluxo (m)	ebb	[eb]
restinga (f)	shoal	[ʃəʊl]
fundo (m)	bottom	['bɒtəm]
onda (f)	wave	[weɪv]
crista (f) da onda	crest	[krest]
espuma (f)	foam, spume	[fəʊm], [spju:m]
tempestade (f)	storm	[stɔ:m]
furacão (m)	hurricane	['hʌrɪkən]
tsunami (m)	tsunami	[tsu:'nɑ:mɪ]
calmaria (f)	calm	[kɑ:m]
calmo (adj)	quiet, calm	['kwaɪət], [kɑ:m]
polo (m)	pole	[pəʊl]
polar (adj)	polar	['pəʊlə(r)]
latitude (f)	latitude	['lætɪtju:d]
longitude (f)	longitude	['lɒndʒɪtju:d]
paralela (f)	parallel	['pærəlel]
equador (m)	equator	[ɪ'kweɪtə(r)]
céu (m)	sky	[skaɪ]
horizonte (m)	horizon	[hə'raɪzən]
ar (m)	air	[eə]
farol (m)	lighthouse	['laɪthaʊs]
mergulhar (vi)	to dive (vi)	[tə daɪv]
afundar-se (vr)	to sink (vi)	[tə sɪŋk]
tesouros (m pl)	treasures	['treʒəz]

126. Nomes de Mares e Oceanos

Oceano (m) Atlântico	Atlantic Ocean	[ət'læntɪk 'əʊʃən]
Oceano (m) Índico	Indian Ocean	['ɪndɪən 'əʊʃən]
Oceano (m) Pacífico	Pacific Ocean	[pə'sɪfɪk 'əʊʃən]
Oceano (m) Ártico	Arctic Ocean	['ɑrktɪk 'əʊʃən]
Mar (m) Negro	Black Sea	[blæk si:]
Mar (m) Vermelho	Red Sea	[red si:]
Mar (m) Amarelo	Yellow Sea	[ˌjeləʊ 'si:]
Mar (m) Branco	White Sea	[waɪt si:]
Mar (m) Cáspio	Caspian Sea	['kæspɪən si:]
Mar (m) Morto	Dead Sea	[ˌded 'si:]
Mar (m) Mediterrâneo	Mediterranean Sea	[ˌmedɪtə'reɪnɪən si:]
Mar (m) Egeu	Aegean Sea	[i:'dʒi:ən si:]
Mar (m) Adriático	Adriatic Sea	[ˌeɪdrɪ'ætɪk si:]
Mar (m) Arábico	Arabian Sea	[ə'reɪbɪən si:]
Mar (m) do Japão	Sea of Japan	['si: əv dʒə'pæn]

Mar (m) de Bering	**Bering Sea**	['berɪŋ si:]
Mar (m) da China Meridional	**South China Sea**	[sauθ 'tʃaɪnə si:]
Mar (m) de Coral	**Coral Sea**	['kɒrəl si:]
Mar (m) de Tasman	**Tasman Sea**	['tæzmən si:]
Mar (m) do Caribe	**Caribbean Sea**	['kæ'rɪbɪən si:]
Mar (m) de Barents	**Barents Sea**	['bærənts si:]
Mar (m) de Kara	**Kara Sea**	['kɑːrə si:]
Mar (m) do Norte	**North Sea**	[nɔ:θ si:]
Mar (m) Báltico	**Baltic Sea**	['bɔ:ltɪk si:]
Mar (m) da Noruega	**Norwegian Sea**	[nɔ:'wi:dʒən si:]

127. Montanhas

montanha (f)	**mountain**	['mauntɪn]
cordilheira (f)	**mountain range**	['mauntɪn reɪndʒ]
serra (f)	**mountain ridge**	['mauntɪn rɪdʒ]
cume (m)	**summit, top**	['sʌmɪt], [tɒp]
pico (m)	**peak**	[pi:k]
pé (m)	**foot**	[fʊt]
declive (m)	**slope**	[sləʊp]
vulcão (m)	**volcano**	[vɒl'kenəʊ]
vulcão (m) ativo	**active volcano**	['æktɪv vɒl'kenəʊ]
vulcão (m) extinto	**dormant volcano**	['dɔ:mənt vɒl'kenəʊ]
erupção (f)	**eruption**	[ɪ'rʌpʃən]
cratera (f)	**crater**	['kreɪtə(r)]
magma (m)	**magma**	['mægmə]
lava (f)	**lava**	['lɑ:və]
fundido (lava ~a)	**molten**	['məʊltən]
cânion, desfiladeiro (m)	**canyon**	['kænjən]
garganta (f)	**gorge**	[gɔ:dʒ]
fenda (f)	**crevice**	['krevɪs]
precipício (m)	**abyss**	[ə'bɪs]
passo, colo (m)	**pass, col**	[pɑ:s], [kɒl]
planalto (m)	**plateau**	['plætəʊ]
falésia (f)	**cliff**	[klɪf]
colina (f)	**hill**	[hɪl]
geleira (f)	**glacier**	['gleɪʃə(r)]
cachoeira (f)	**waterfall**	['wɔ:təfɔ:l]
gêiser (m)	**geyser**	['gaɪzə(r)]
lago (m)	**lake**	[leɪk]
planície (f)	**plain**	[pleɪn]
paisagem (f)	**landscape**	['lændskeɪp]
eco (m)	**echo**	['ekəʊ]
alpinista (m)	**alpinist**	['ælpɪnɪst]

escalador (m)	rock climber	[rɒk 'klaɪmə(r)]
conquistar (vt)	conquer (vt)	['kɒŋkə(r)]
subida, escalada (f)	climb	[klaɪm]

128. Nomes de montanhas

Alpes (m pl)	The Alps	[ðɪ ælps]
Monte Branco (m)	Mont Blanc	[ˌmɔ̃'blɑ̃]
Pirineus (m pl)	The Pyrenees	[ðɪ ˌpɪrə'ni:z]

Cárpatos (m pl)	The Carpathians	[ðɪ kɑ:'peɪθɪənz]
Urais (m pl)	The Ural Mountains	[ðɪ 'jʊərəl 'maʊntɪnz]
Cáucaso (m)	The Caucasus Mountains	[ðɪ 'kɔ:kəsəs 'maʊntɪnz]
Elbrus (m)	Mount Elbrus	['maʊnt ˌelbə'ru:s]

Altai (m)	The Altai Mountains	[ðɪ ˌɑ:l'taɪ 'maʊntɪnz]
Tian Shan (m)	The Tian Shan	[ðɪ tjɛn'ʃa:n]
Pamir (m)	The Pamir Mountains	[ðɪ pə'mɪə 'maʊntɪnz]
Himalaia (m)	The Himalayas	[ðɪ ˌhɪmə'leɪəz]
monte Everest (m)	Mount Everest	['maʊnt 'evərɪst]

| Cordilheira (f) dos Andes | The Andes | [ðɪ 'ændi:z] |
| Kilimanjaro (m) | Mount Kilimanjaro | ['maʊnt ˌkɪlɪmən'dʒɑ:rəʊ] |

129. Rios

rio (m)	river	['rɪvə(r)]
fonte, nascente (f)	spring	[sprɪŋ]
leito (m) de rio	riverbed	['rɪvəbed]
bacia (f)	basin	['beɪsən]
desaguar no ...	to flow into ...	[tə fləʊ 'ɪntʊ]

| afluente (m) | tributary | ['trɪbjʊtrɪ] |
| margem (do rio) | bank | [bæŋk] |

corrente (f)	current, stream	['kʌrənt], [stri:m]
rio abaixo	downstream	['daʊnˌstri:m]
rio acima	upstream	[ˌʌp'stri:m]

inundação (f)	inundation	[ˌɪnʌn'deɪʃən]
cheia (f)	flooding	['flʌdɪŋ]
transbordar (vi)	to overflow (vi)	[tə ˌəʊvə'fləʊ]
inundar (vt)	to flood (vt)	[tə flʌd]

| banco (m) de areia | shallow | ['ʃæləʊ] |
| corredeira (f) | rapids | ['ræpɪdz] |

barragem (f)	dam	[dæm]
canal (m)	canal	[kə'næl]
reservatório (m) de água	reservoir	['rezəvwɑ:(r)]
eclusa (f)	sluice, lock	[slu:s], [lɒk]
corpo (m) de água	water body	['wɔ:tə 'bɒdɪ]

pântano (m)	swamp	[swɒmp]
lamaçal (m)	bog, marsh	[bɒg], [mɑːʃ]
redemoinho (m)	whirlpool	['wɜːlpuːl]

riacho (m)	stream	[striːm]
potável (adj)	drinking	['drɪŋkɪŋ]
doce (água)	fresh	[freʃ]

| gelo (m) | ice | [aɪs] |
| congelar-se (vr) | to freeze over | [tə friːz 'əʊvə(r)] |

130. Nomes de rios

| rio Sena (m) | Seine | [seɪn] |
| rio Loire (m) | Loire | [lwɑːr] |

rio Tâmisa (m)	Thames	[temz]
rio Reno (m)	Rhine	[raɪn]
rio Danúbio (m)	Danube	['dænjuːb]

rio Volga (m)	Volga	['vɒlgə]
rio Don (m)	Don	[dɒn]
rio Lena (m)	Lena	['leɪnə]

rio Amarelo (m)	Yellow River	[ˌjeləʊ 'rɪvə(r)]
rio Yangtzé (m)	Yangtze	['jæntsɪ]
rio Mekong (m)	Mekong	['miːkɒŋ]
rio Ganges (m)	Ganges	['gændʒiːz]

rio Nilo (m)	Nile River	[naɪl 'rɪvə(r)]
rio Congo (m)	Congo	['kɒŋgəʊ]
rio Cubango (m)	Okavango	[ˌɔkə'væŋgəʊ]
rio Zambeze (m)	Zambezi	[zæm'biːzɪ]
rio Limpopo (m)	Limpopo	[lɪm'pəʊpəʊ]

131. Floresta

| floresta (f), bosque (m) | forest, wood | ['fɒrɪst], [wʊd] |
| florestal (adj) | forest | ['fɒrɪst] |

mata (f) fechada	thick forest	[θɪk 'fɒrɪst]
arvoredo (m)	grove	[grəʊv]
clareira (f)	clearing	['klɪərɪŋ]

| matagal (m) | thicket | ['θɪkɪt] |
| mato (m), caatinga (f) | scrubland | ['skrʌblænd] |

| pequena trilha (f) | footpath | ['fʊtpɑːθ] |
| ravina (f) | gully | ['gʌlɪ] |

| árvore (f) | tree | [triː] |
| folha (f) | leaf | [liːf] |

folhagem (f)	leaves	[li:vz]
queda (f) das folhas	fall of leaves	[fɔ:l əv li:vz]
cair (vi)	to fall (vi)	[tə fɔ:l]
topo (m)	top	[tɒp]

ramo (m)	branch	[brɑ:nʧ]
galho (m)	bough	[baʊ]
botão (m)	bud	[bʌd]
agulha (f)	needle	['ni:dəl]
pinha (f)	pine cone	[paɪn kəʊn]

buraco (m) de árvore	tree hollow	[tri: 'hɒləʊ]
ninho (m)	nest	[nest]
toca (f)	burrow, animal hole	['bʌrəʊ], ['ænɪməl həʊl]

tronco (m)	trunk	[trʌŋk]
raiz (f)	root	[ru:t]
casca (f) de árvore	bark	[bɑ:k]
musgo (m)	moss	[mɒs]

arrancar pela raiz	to uproot (vt)	[tə ˌʌp'ru:t]
cortar (vt)	to chop down	[tə ʧɒp daʊn]
desflorestar (vt)	to deforest (vt)	[tə ˌdi:'fɒrɪst]
toco, cepo (m)	tree stump	[tri: stʌmp]

fogueira (f)	campfire	['kæmpˌfaɪə(r)]
incêndio (m) florestal	forest fire	['fɒrɪst 'faɪə(r)]
apagar (vt)	to extinguish (vt)	[tə ɪk'stɪŋgwɪʃ]

guarda-parque (m)	forest ranger	['fɒrɪst 'reɪnʤə]
proteção (f)	protection	[prə'tekʃən]
proteger (a natureza)	to protect (vt)	[tə prə'tekt]
caçador (m) furtivo	poacher	['pəʊʧə(r)]
armadilha (f)	steel trap	[sti:l træp]

| colher (cogumelos, bagas) | to gather, to pick (vt) | [tə 'gæðə(r)], [tə pɪk] |
| perder-se (vr) | to lose one's way | [tə lu:z wʌnz weɪ] |

132. Recursos naturais

recursos (m pl) naturais	natural resources	['nætʃərəl rɪ'sɔ:sɪz]
minerais (m pl)	minerals	['mɪnərəlz]
depósitos (m pl)	deposits	[dɪ'pɒzɪts]
jazida (f)	field	[fi:ld]

extrair (vt)	to mine (vt)	[tə maɪn]
extração (f)	mining	['maɪnɪŋ]
minério (m)	ore	[ɔ:(r)]
mina (f)	mine	[maɪn]
poço (m) de mina	shaft	[ʃɑ:ft]
mineiro (m)	miner	['maɪnə(r)]

| gás (m) | gas | [gæs] |
| gasoduto (m) | gas pipeline | [gæs 'paɪplaɪn] |

petróleo (m)	oil, petroleum	[ɔɪl], [pɪˈtrəʊlɪəm]
oleoduto (m)	oil pipeline	[ɔɪl ˈpaɪplaɪn]
poço (m) de petróleo	oil well	[ɔɪl wel]
torre (f) petrolífera	derrick	[ˈderɪk]
petroleiro (m)	tanker	[ˈtæŋkə(r)]

areia (f)	sand	[sænd]
calcário (m)	limestone	[ˈlaɪmstəʊn]
cascalho (m)	gravel	[ˈgrævəl]
turfa (f)	peat	[piːt]
argila (f)	clay	[kleɪ]
carvão (m)	coal	[kəʊl]

ferro (m)	iron	[ˈaɪrən]
ouro (m)	gold	[gəʊld]
prata (f)	silver	[ˈsɪlvə(r)]
níquel (m)	nickel	[ˈnɪkəl]
cobre (m)	copper	[ˈkɒpə(r)]

zinco (m)	zinc	[zɪŋk]
manganês (m)	manganese	[ˈmæŋgəniːz]
mercúrio (m)	mercury	[ˈmɜːkjʊrɪ]
chumbo (m)	lead	[led]

mineral (m)	mineral	[ˈmɪnərəl]
cristal (m)	crystal	[ˈkrɪstəl]
mármore (m)	marble	[ˈmɑːbəl]
urânio (m)	uranium	[juˈreɪnjəm]

A Terra. Parte 2

133. Tempo

tempo (m)	weather	['weðə(r)]
previsão (f) do tempo	weather forecast	['weðə 'fɔːkɑːst]
temperatura (f)	temperature	['temprətʃə(r)]
termômetro (m)	thermometer	[θə'mɒmɪtə(r)]
barômetro (m)	barometer	[bə'rɒmɪtə(r)]
úmido (adj)	humid	['hjuːmɪd]
umidade (f)	humidity	[hjuː'mɪdətɪ]
calor (m)	heat	[hiːt]
tórrido (adj)	hot, torrid	[hɒt], ['tɒrɪd]
está muito calor	it's hot	[ɪts hɒt]
está calor	it's warm	[ɪts wɔːm]
quente (morno)	warm	[wɔːm]
está frio	it's cold	[ɪts kəʊld]
frio (adj)	cold	[kəʊld]
sol (m)	sun	[sʌn]
brilhar (vi)	to shine (vi)	[tə ʃaɪn]
de sol, ensolarado	sunny	['sʌnɪ]
nascer (vi)	to come up (vi)	[tə kʌm ʌp]
pôr-se (vr)	to set (vi)	[tə set]
nuvem (f)	cloud	[klaʊd]
nublado (adj)	cloudy	['klaʊdɪ]
nuvem (f) preta	rain cloud	[reɪn klaʊd]
escuro, cinzento (adj)	somber	['sɒmbə(r)]
chuva (f)	rain	[reɪn]
está a chover	it's raining	[ɪts 'reɪnɪŋ]
chuvoso (adj)	rainy	['reɪnɪ]
chuviscar (vi)	to drizzle (vi)	[tə 'drɪzəl]
chuva (f) torrencial	pouring rain	['pɔːrɪŋ reɪn]
aguaceiro (m)	downpour	['daʊnpɔː(r)]
forte (chuva, etc.)	heavy	['hevɪ]
poça (f)	puddle	['pʌdəl]
molhar-se (vr)	to get wet	[tə get wet]
nevoeiro (m)	fog, mist	[fɒg], [mɪst]
de nevoeiro	foggy	['fɒgɪ]
neve (f)	snow	[snəʊ]
está nevando	it's snowing	[ɪts snəʊɪŋ]

134. Tempo extremo. Catástrofes naturais

trovoada (f)	thunderstorm	['θʌndəstɔːm]
relâmpago (m)	lightning	['laɪtnɪŋ]
relampejar (vi)	to flash (vi)	[tə flæʃ]
trovão (m)	thunder	['θʌndə(r)]
trovejar (vi)	to thunder (vi)	[tə 'θʌndə(r)]
está trovejando	it's thundering	[ɪts 'θʌndərɪŋ]
granizo (m)	hail	[heɪl]
está caindo granizo	it's hailing	[ɪts heɪlɪŋ]
inundar (vt)	to flood (vt)	[tə flʌd]
inundação (f)	flood	[flʌd]
terremoto (m)	earthquake	['ɜːθkweɪk]
abalo, tremor (m)	tremor, shock	['tremə(r)], [ʃɒk]
epicentro (m)	epicenter	['epɪsentə(r)]
erupção (f)	eruption	[ɪ'rʌpʃən]
lava (f)	lava	['lɑːvə]
tornado (m)	twister	['twɪstə(r)]
tornado (m)	tornado	[tɔː'neɪdəʊ]
tufão (m)	typhoon	[taɪ'fuːn]
furacão (m)	hurricane	['hʌrɪkən]
tempestade (f)	storm	[stɔːm]
tsunami (m)	tsunami	[tsuː'nɑːmɪ]
ciclone (m)	cyclone	['saɪkləʊn]
mau tempo (m)	bad weather	[bæd 'weðə(r)]
incêndio (m)	fire	['faɪə(r)]
catástrofe (f)	disaster	[dɪ'zɑːstə(r)]
meteorito (m)	meteorite	['miːtjəraɪt]
avalanche (f)	avalanche	['ævəlɑːnʃ]
deslizamento (m) de neve	snowslide	['snəʊslaɪd]
nevasca (f)	blizzard	['blɪzəd]
tempestade (f) de neve	snowstorm	['snəʊstɔːm]

Fauna

135. Mamíferos. Predadores

predador (m)	predator	['predətə(r)]
tigre (m)	tiger	['taɪgə(r)]
leão (m)	lion	['laɪən]
lobo (m)	wolf	[wʊlf]
raposa (f)	fox	[fɒks]

jaguar (m)	jaguar	['dʒægjʊə(r)]
leopardo (m)	leopard	['lepəd]
chita (f)	cheetah	['ʧiːtə]

pantera (f)	black panther	[blæk 'pænθə(r)]
puma (m)	puma	['pjuːmə]
leopardo-das-neves (m)	snow leopard	[snəʊ 'lepəd]
lince (m)	lynx	[lɪnks]

coiote (m)	coyote	[kɔɪ'əʊtɪ]
chacal (m)	jackal	['dʒækəl]
hiena (f)	hyena	[haɪ'iːnə]

136. Animais selvagens

| animal (m) | animal | ['ænɪməl] |
| besta (f) | beast | [biːst] |

esquilo (m)	squirrel	['skwɜːrəl]
ouriço (m)	hedgehog	['hedʒhɒg]
lebre (f)	hare	[heə(r)]
coelho (m)	rabbit	['ræbɪt]

texugo (m)	badger	['bædʒə(r)]
guaxinim (m)	raccoon	[rə'kuːn]
hamster (m)	hamster	['hæmstə(r)]
marmota (f)	marmot	['mɑːmət]

toupeira (f)	mole	[məʊl]
rato (m)	mouse	[maʊs]
ratazana (f)	rat	[ræt]
morcego (m)	bat	[bæt]

arminho (m)	ermine	['ɜːmɪn]
zibelina (f)	sable	['seɪbəl]
marta (f)	marten	['mɑːtɪn]
doninha (f)	weasel	['wiːzəl]
visom (m)	mink	[mɪŋk]

| castor (m) | beaver | ['bi:və(r)] |
| lontra (f) | otter | ['ɒtə(r)] |

cavalo (m)	horse	[hɔːs]
alce (m)	moose	[muːs]
veado (m)	deer	[dɪə(r)]
camelo (m)	camel	['kæməl]

bisão (m)	bison	['baɪsən]
auroque (m)	wisent	['wiːzənt]
búfalo (m)	buffalo	['bʌfələʊ]

zebra (f)	zebra	['ziːbrə]
antílope (m)	antelope	['æntɪləʊp]
corça (f)	roe deer	[rəʊ dɪə(r)]
gamo (m)	fallow deer	['fæləʊ dɪə(r)]
camurça (f)	chamois	['ʃæmwɑː]
javali (m)	wild boar	[ˌwaɪld 'bɔː(r)]

baleia (f)	whale	[weɪl]
foca (f)	seal	[siːl]
morsa (f)	walrus	['wɔːlrəs]
urso-marinho (m)	fur seal	['fɜːˌsiːl]
golfinho (m)	dolphin	['dɒlfɪn]

urso (m)	bear	[beə]
urso (m) polar	polar bear	['pəʊlə ˌbeə(r)]
panda (m)	panda	['pændə]

macaco (m)	monkey	['mʌŋkɪ]
chimpanzé (m)	chimpanzee	[ˌʧɪmpæn'ziː]
orangotango (m)	orangutan	[ɒˌræŋuː'tæn]
gorila (m)	gorilla	[gə'rɪlə]
macaco (m)	macaque	[mə'kɑːk]
gibão (m)	gibbon	['gɪbən]

elefante (m)	elephant	['elɪfənt]
rinoceronte (m)	rhinoceros	[raɪ'nɒsərəs]
girafa (f)	giraffe	[dʒɪ'rɑːf]
hipopótamo (m)	hippopotamus	[ˌhɪpə'pɒtəməs]

| canguru (m) | kangaroo | [ˌkæŋgə'ruː] |
| coala (m) | koala | [kəʊ'ɑːlə] |

mangusto (m)	mongoose	['mɒŋguːs]
chinchila (f)	chinchilla	[ˌʧɪn'ʧɪlə]
cangambá (f)	skunk	[skʌŋk]
porco-espinho (m)	porcupine	['pɔːkjʊpaɪn]

137. Animais domésticos

gata (f)	cat	[kæt]
gato (m) macho	tomcat	['tɒmkæt]
cão (m)	dog	[dɒg]

cavalo (m)	horse	[hɔːs]
garanhão (m)	stallion	['stælɪən]
égua (f)	mare	[meə(r)]

vaca (f)	cow	[kaʊ]
touro (m)	bull	[bʊl]
boi (m)	ox	[ɒks]

ovelha (f)	sheep	[ʃiːp]
carneiro (m)	ram	[ræm]
cabra (f)	goat	[gəʊt]
bode (m)	he-goat	['hiː gəʊt]

| burro (m) | donkey | ['dɒŋkɪ] |
| mula (f) | mule | [mjuːl] |

porco (m)	pig, hog	[pɪg], [hɒg]
leitão (m)	piglet	['pɪglɪt]
coelho (m)	rabbit	['ræbɪt]

| galinha (f) | hen | [hen] |
| galo (m) | rooster | ['ruːstə(r)] |

pata (f), pato (m)	duck	[dʌk]
pato (m)	drake	[dreɪk]
ganso (m)	goose	[guːs]

| peru (m) | tom turkey, gobbler | [tɒm 'tɜːkɪ], ['gɒblə(r)] |
| perua (f) | turkey | ['tɜːkɪ] |

animais (m pl) domésticos	domestic animals	[də'mestɪk 'ænɪməlz]
domesticado (adj)	tame	[teɪm]
domesticar (vt)	to tame (vt)	[tə teɪm]
criar (vt)	to breed (vt)	[tə briːd]

fazenda (f)	farm	[fɑːm]
aves (f pl) domésticas	poultry	['pəʊltrɪ]
gado (m)	cattle	['kætəl]
rebanho (m), manada (f)	herd	[hɜːd]

estábulo (m)	stable	['steɪbəl]
chiqueiro (m)	pigpen	['pɪgpen]
estábulo (m)	cowshed	['kaʊʃed]
coelheira (f)	rabbit hutch	['ræbɪt ˌhʌtʃ]
galinheiro (m)	hen house	['hen ˌhaʊs]

138. Pássaros

pássaro (m), ave (f)	bird	[bɜːd]
pombo (m)	pigeon	['pɪdʒɪn]
pardal (m)	sparrow	['spærəʊ]
chapim-real (m)	tit	[tɪt]
pega-rabuda (f)	magpie	['mægpaɪ]
corvo (m)	raven	['reɪvən]

gralha-cinzenta (f)	crow	[krəʊ]
gralha-de-nuca-cinzenta (f)	jackdaw	['ʤækdɔ:]
gralha-calva (f)	rook	[rʊk]

pato (m)	duck	[dʌk]
ganso (m)	goose	[gu:s]
faisão (m)	pheasant	['fezənt]

águia (f)	eagle	['i:gəl]
açor (m)	hawk	[hɔ:k]
falcão (m)	falcon	['fɔ:lkən]
abutre (m)	vulture	['vʌlʧə]
condor (m)	condor	['kɒndɔ:(r)]

cisne (m)	swan	[swɒn]
grou (m)	crane	[kreɪn]
cegonha (f)	stork	[stɔ:k]

papagaio (m)	parrot	['pærət]
beija-flor (m)	hummingbird	['hʌmɪŋ͵bɜ:d]
pavão (m)	peacock	['pi:kɒk]

avestruz (m)	ostrich	['ɒstrɪʧ]
garça (f)	heron	['herən]
flamingo (m)	flamingo	[flə'mɪŋgəʊ]
pelicano (m)	pelican	['pelɪkən]

| rouxinol (m) | nightingale | ['naɪtɪŋgeɪl] |
| andorinha (f) | swallow | ['swɒləʊ] |

tordo-zornal (m)	thrush	[θrʌʃ]
tordo-músico (m)	song thrush	[sɒŋ θrʌʃ]
melro-preto (m)	blackbird	['blæk͵bɜ:d]

andorinhão (m)	swift	[swɪft]
cotovia (f)	lark	[lɑ:k]
codorna (f)	quail	[kweɪl]

pica-pau (m)	woodpecker	['wʊd͵pekə(r)]
cuco (m)	cuckoo	['kʊku:]
coruja (f)	owl	[aʊl]
bufo-real (m)	eagle owl	['i:gəl aʊl]
tetraz-grande (m)	wood grouse	[wʊd graʊs]
tetraz-lira (m)	black grouse	[blæk graʊs]
perdiz-cinzenta (f)	partridge	['pɑ:trɪʤ]

estorninho (m)	starling	['stɑ:lɪŋ]
canário (m)	canary	[kə'neərɪ]
galinha-do-mato (f)	hazel grouse	['heɪzəl graʊs]

| tentilhão (m) | chaffinch | ['ʧæfɪnʧ] |
| dom-fafe (m) | bullfinch | ['bʊlfɪnʧ] |

gaivota (f)	seagull	['si:gʌl]
albatroz (m)	albatross	['ælbətrɒs]
pinguim (m)	penguin	['peŋgwɪn]

139. Peixes. Animais marinhos

brema (f)	bream	[bri:m]
carpa (f)	carp	[kɑ:p]
perca (f)	perch	[pɜ:tʃ]
siluro (m)	catfish	['kætfɪʃ]
lúcio (m)	pike	[paɪk]
salmão (m)	salmon	['sæmən]
esturjão (m)	sturgeon	['stɜ:dʒən]
arenque (m)	herring	['herɪŋ]
salmão (m) do Atlântico	Atlantic salmon	[ət'læntɪk 'sæmən]
cavala, sarda (f)	mackerel	['mækərəl]
solha (f), linguado (m)	flatfish	['flætfɪʃ]
lúcio perca (m)	pike perch	[paɪk pɜ:tʃ]
bacalhau (m)	cod	[kɒd]
atum (m)	tuna	['tu:nə]
truta (f)	trout	[traʊt]
enguia (f)	eel	[i:l]
raia (f) elétrica	electric ray	[ɪ'lektrɪk reɪ]
moreia (f)	moray eel	['mɒreɪ i:l]
piranha (f)	piranha	[pɪ'rɑ:nə]
tubarão (m)	shark	[ʃɑ:k]
golfinho (m)	dolphin	['dɒlfɪn]
baleia (f)	whale	[weɪl]
caranguejo (m)	crab	[kræb]
água-viva (f)	jellyfish	['dʒelɪfɪʃ]
polvo (m)	octopus	['ɒktəpəs]
estrela-do-mar (f)	starfish	['stɑ:fɪʃ]
ouriço-do-mar (m)	sea urchin	[si: 'ɜ:tʃɪn]
cavalo-marinho (m)	seahorse	['si:hɔ:s]
ostra (f)	oyster	['ɔɪstə(r)]
camarão (m)	shrimp	[ʃrɪmp]
lagosta (f)	lobster	['lɒbstə(r)]
lagosta (f)	spiny lobster	['spaɪnɪ 'lɒbstə(r)]

140. Anfíbios. Répteis

cobra (f)	snake	[sneɪk]
venenoso (adj)	venomous	['venəməs]
víbora (f)	viper	['vaɪpə(r)]
naja (f)	cobra	['kəʊbrə]
píton (m)	python	['paɪθən]
jiboia (f)	boa	['bəʊə]
cobra-de-água (f)	grass snake	['grɑ:sˌsneɪk]

| cascavel (f) | rattle snake | ['rætəl sneɪk] |
| anaconda (f) | anaconda | [ænə'kɒndə] |

lagarto (m)	lizard	['lɪzəd]
iguana (f)	iguana	[ɪ'gwɑːnə]
varano (m)	monitor lizard	['mɒnɪtə 'lɪzəd]
salamandra (f)	salamander	['sæləˌmændə(r)]
camaleão (m)	chameleon	[kə'miːlɪən]
escorpião (m)	scorpion	['skɔːpɪən]

tartaruga (f)	turtle	['tɜːtəl]
rã (f)	frog	[frɒg]
sapo (m)	toad	[təʊd]
crocodilo (m)	crocodile	['krɒkədaɪl]

141. Insetos

inseto (m)	insect, bug	['ɪnsekt], [bʌg]
borboleta (f)	butterfly	['bʌtəflaɪ]
formiga (f)	ant	[ænt]
mosca (f)	fly	[flaɪ]
mosquito (m)	mosquito	[mə'skiːtəʊ]
escaravelho (m)	beetle	['biːtəl]

vespa (f)	wasp	[wɒsp]
abelha (f)	bee	[biː]
mamangaba (f)	bumblebee	['bʌmbəlbiː]
moscardo (m)	gadfly	['gædflaɪ]

| aranha (f) | spider | ['spaɪdə(r)] |
| teia (f) de aranha | spiderweb | ['spaɪdəweb] |

libélula (f)	dragonfly	['drægənflaɪ]
gafanhoto (m)	grasshopper	['grɑːsˌhɒpə(r)]
traça (f)	moth	[mɒθ]

barata (f)	cockroach	['kɒkrəʊtʃ]
carrapato (m)	tick	[tɪk]
pulga (f)	flea	[fliː]
borrachudo (m)	midge	[mɪdʒ]

gafanhoto (m)	locust	['ləʊkəst]
caracol (m)	snail	[sneɪl]
grilo (m)	cricket	['krɪkɪt]
pirilampo, vaga-lume (m)	lightning bug	['laɪtnɪŋ bʌg]
joaninha (f)	ladybug	['leɪdɪbʌg]
besouro (m)	cockchafer	['kɒkˌtʃeɪfə(r)]

sanguessuga (f)	leech	[liːtʃ]
lagarta (f)	caterpillar	['kætəpɪlə(r)]
minhoca (f)	earthworm	['ɜːθwɜːm]
larva (f)	larva	['lɑːvə]

Flora

142. Árvores

árvore (f)	tree	[tri:]
decídua (adj)	deciduous	[dɪˈsɪdjʊəs]
conífera (adj)	coniferous	[kəˈnɪfərəs]
perene (adj)	evergreen	[ˈevəgri:n]
macieira (f)	apple tree	[ˈæpəl ˌtri:]
pereira (f)	pear tree	[ˈpeə ˌtri:]
cerejeira (f)	sweet cherry tree	[swi:t ˈtʃerɪ tri:]
ginjeira (f)	sour cherry tree	[ˈsaʊə ˈtʃerɪ tri:]
ameixeira (f)	plum tree	[ˈplʌm tri:]
bétula (f)	birch	[bɜ:tʃ]
carvalho (m)	oak	[əʊk]
tília (f)	linden tree	[ˈlɪndən tri:]
choupo-tremedor (m)	aspen	[ˈæspən]
bordo (m)	maple	[ˈmeɪpəl]
espruce (m)	spruce	[spru:s]
pinheiro (m)	pine	[paɪn]
alerce, lariço (m)	larch	[lɑ:tʃ]
abeto (m)	fir	[fɜ:(r)]
cedro (m)	cedar	[ˈsi:də(r)]
choupo, álamo (m)	poplar	[ˈpɒplə(r)]
tramazeira (f)	rowan	[ˈrəʊən]
salgueiro (m)	willow	[ˈwɪləʊ]
amieiro (m)	alder	[ˈɔ:ldə(r)]
faia (f)	beech	[bi:tʃ]
ulmeiro, olmo (m)	elm	[elm]
freixo (m)	ash	[æʃ]
castanheiro (m)	chestnut	[ˈtʃesnʌt]
magnólia (f)	magnolia	[mægˈnəʊlɪə]
palmeira (f)	palm tree	[pɑ:m tri:]
cipreste (m)	cypress	[ˈsaɪprəs]
mangue (m)	mangrove	[ˈmæŋgrəʊv]
embondeiro, baobá (m)	baobab	[ˈbeɪəʊˌbæb]
eucalipto (m)	eucalyptus	[ˌju:kəˈlɪptəs]
sequoia (f)	sequoia	[sɪˈkwɔɪə]

143. Arbustos

arbusto (m)	bush	[bʊʃ]
arbusto (m), moita (f)	shrub	[ʃrʌb]

| videira (f) | grapevine | ['greɪpvaɪn] |
| vinhedo (m) | vineyard | ['vɪnjəd] |

framboeseira (f)	raspberry bush	['rɑːzbərɪ buʃ]
groselheira-vermelha (f)	redcurrant bush	['redkʌrənt buʃ]
groselheira (f) espinhosa	gooseberry bush	['guzbərɪ ˌbuʃ]

acácia (f)	acacia	[əˈkeɪʃə]
bérberis (f)	barberry	['bɑːbərɪ]
jasmim (m)	jasmine	['dʒæzmɪn]

junípero (m)	juniper	['dʒuːnɪpə(r)]
roseira (f)	rosebush	['rəuzbuʃ]
roseira (f) brava	dog rose	['dɒg ˌrəuz]

144. Frutos. Bagas

fruta (f)	fruit	[fruːt]
frutas (f pl)	fruits	[fruːts]
maçã (f)	apple	['æpəl]
pera (f)	pear	[peə(r)]
ameixa (f)	plum	[plʌm]

morango (m)	strawberry	['strɔːbərɪ]
ginja (f)	sour cherry	['sauə 'tʃerɪ]
cereja (f)	sweet cherry	[swiːt 'tʃerɪ]
uva (f)	grape	[greɪp]

framboesa (f)	raspberry	['rɑːzbərɪ]
groselha (f) negra	blackcurrant	[ˌblæk'kʌrənt]
groselha (f) vermelha	redcurrant	['redkʌrənt]

| groselha (f) espinhosa | gooseberry | ['guzbərɪ] |
| oxicoco (m) | cranberry | ['krænbərɪ] |

laranja (f)	orange	['ɒrɪndʒ]
tangerina (f)	mandarin	['mændərɪn]
abacaxi (m)	pineapple	['paɪnˌæpəl]

| banana (f) | banana | [bə'nɑːnə] |
| tâmara (f) | date | [deɪt] |

limão (m)	lemon	['lemən]
damasco (m)	apricot	['eɪprɪkɒt]
pêssego (m)	peach	[piːtʃ]

| quiuí (m) | kiwi | ['kiːwiː] |
| toranja (f) | grapefruit | ['greɪpfruːt] |

baga (f)	berry	['berɪ]
bagas (f pl)	berries	['berɪːz]
arando (m) vermelho	cowberry	['kaubərɪ]
morango-silvestre (m)	wild strawberry	['waɪld 'strɔːbərɪ]
mirtilo (m)	bilberry	['bɪlbərɪ]

145. Flores. Plantas

flor (f)	flower	['flaʊə(r)]
buquê (m) de flores	bouquet	[bʊ'keɪ]
rosa (f)	rose	[rəʊz]
tulipa (f)	tulip	['tju:lɪp]
cravo (m)	carnation	[ka:'neɪʃən]
gladíolo (m)	gladiolus	[ˌglædɪ'əʊləs]
centáurea (f)	cornflower	['kɔ:nflaʊə(r)]
campainha (f)	harebell	['heəbel]
dente-de-leão (m)	dandelion	['dændɪlaɪən]
camomila (f)	camomile	['kæməmaɪl]
aloé (m)	aloe	['æləʊ]
cacto (m)	cactus	['kæktəs]
fícus (m)	rubber plant, ficus	['rʌbə plɑ:nt], ['faɪkəs]
lírio (m)	lily	['lɪlɪ]
gerânio (m)	geranium	[dʒɪ'reɪnjəm]
jacinto (m)	hyacinth	['haɪəsɪnθ]
mimosa (f)	mimosa	[mɪ'məʊzə]
narciso (m)	narcissus	[na:'sɪsəs]
capuchinha (f)	nasturtium	[nəs'tɜ:ʃəm]
orquídea (f)	orchid	['ɔ:kɪd]
peônia (f)	peony	['pi:ənɪ]
violeta (f)	violet	['vaɪələt]
amor-perfeito (m)	pansy	['pænzɪ]
não-me-esqueças (m)	forget-me-not	[fə'get mi ˌnɒt]
margarida (f)	daisy	['deɪzɪ]
papoula (f)	poppy	['pɒpɪ]
cânhamo (m)	hemp	[hemp]
hortelã, menta (f)	mint	[mɪnt]
lírio-do-vale (m)	lily of the valley	['lɪlɪ əv ðə 'vælɪ]
campânula-branca (f)	snowdrop	['snəʊdrɒp]
urtiga (f)	nettle	['netəl]
azedinha (f)	sorrel	['sɒrəl]
nenúfar (m)	water lily	['wɔ:tə 'lɪlɪ]
samambaia (f)	fern	[fɜ:n]
líquen (m)	lichen	['laɪkən]
estufa (f)	conservatory	[kən'sɜ:vətrɪ]
gramado (m)	lawn	[lɔ:n]
canteiro (m) de flores	flowerbed	['flaʊəbed]
planta (f)	plant	[plɑ:nt]
grama (f)	grass	[grɑ:s]
folha (f) de grama	blade of grass	[bleɪd əv grɑ:s]

folha (f)	leaf	[li:f]
pétala (f)	petal	['petəl]
talo (m)	stem	[stem]
tubérculo (m)	tuber	['tju:bə(r)]

| broto, rebento (m) | young plant | [jʌŋ plɑ:nt] |
| espinho (m) | thorn | [θɔ:n] |

florescer (vi)	to blossom (vi)	[tə 'blɒsəm]
murchar (vi)	to fade (vi)	[tə feɪd]
cheiro (m)	smell	[smel]
cortar (flores)	to cut (vt)	[tə kʌt]
colher (uma flor)	to pick (vt)	[tə pɪk]

146. Cereais, grãos

grão (m)	grain	[greɪn]
cereais (plantas)	cereal crops	['sɪərɪəl krɒps]
espiga (f)	ear	[ɪə(r)]

trigo (m)	wheat	[wi:t]
centeio (m)	rye	[raɪ]
aveia (f)	oats	[əʊts]
painço (m)	millet	['mɪlɪt]
cevada (f)	barley	['bɑ:lɪ]

milho (m)	corn	[kɔ:n]
arroz (m)	rice	[raɪs]
trigo-sarraceno (m)	buckwheat	['bʌkwi:t]

ervilha (f)	pea	[pi:]
feijão (m) roxo	kidney bean	['kɪdnɪ bi:n]
soja (f)	soy	[sɔɪ]
lentilha (f)	lentil	['lentɪl]
feijão (m)	beans	[bi:nz]

PAÍSES. NACIONALIDADES

147. Europa Ocidental

Europa (f)	Europe	['jʊərəp]
União (f) Europeia	European Union	[ˌjʊərə'piːən 'juːnɪən]
Áustria (f)	Austria	['ɒstrɪə]
Grã-Bretanha (f)	Great Britain	[greɪt 'brɪtən]
Inglaterra (f)	England	['ɪŋglənd]
Bélgica (f)	Belgium	['beldʒəm]
Alemanha (f)	Germany	['dʒɜːmənɪ]
Países Baixos (m pl)	Netherlands	['neðələndz]
Holanda (f)	Holland	['hɒlənd]
Grécia (f)	Greece	[griːs]
Dinamarca (f)	Denmark	['denmɑːk]
Irlanda (f)	Ireland	['aɪələnd]
Islândia (f)	Iceland	['aɪslənd]
Espanha (f)	Spain	[speɪn]
Itália (f)	Italy	['ɪtəlɪ]
Chipre (m)	Cyprus	['saɪprəs]
Malta (f)	Malta	['mɔːltə]
Noruega (f)	Norway	['nɔːweɪ]
Portugal (m)	Portugal	['pɔːtʃʊgəl]
Finlândia (f)	Finland	['fɪnlənd]
França (f)	France	[frɑːns]
Suécia (f)	Sweden	['swiːdən]
Suíça (f)	Switzerland	['swɪtsələnd]
Escócia (f)	Scotland	['skɒtlənd]
Vaticano (m)	Vatican	['vætɪkən]
Liechtenstein (m)	Liechtenstein	['lɪktənstaɪn]
Luxemburgo (m)	Luxembourg	['lʌksəmbɜːg]
Mônaco (m)	Monaco	['mɒnəkəʊ]

148. Europa Central e de Leste

Albânia (f)	Albania	[æl'beɪnɪə]
Bulgária (f)	Bulgaria	[bʌl'geərɪə]
Hungria (f)	Hungary	['hʌŋgərɪ]
Letônia (f)	Latvia	['lætvɪə]
Lituânia (f)	Lithuania	[ˌlɪθjʊ'eɪnjə]
Polônia (f)	Poland	['pəʊlənd]

Romênia (f)	Romania	[ruːˈmeɪnɪə]
Sérvia (f)	Serbia	[ˈsɜːbɪə]
Eslováquia (f)	Slovakia	[sləˈvækɪə]

Croácia (f)	Croatia	[krəʊˈeɪʃə]
República (f) Checa	Czech Republic	[ʧek rɪˈpʌblɪk]
Estônia (f)	Estonia	[eˈstəʊnjə]

Bósnia e Herzegovina (f)	Bosnia and Herzegovina	[ˈbɒznɪə ənd ˌheətsəgəˈviːnə]
Macedônia (f)	Macedonia	[ˌmæsɪˈdəʊnɪə]
Eslovênia (f)	Slovenia	[sləˈviːnɪə]
Montenegro (m)	Montenegro	[ˌmɒntɪˈniːgrəʊ]

149. Países da ex-URSS

| Azerbaijão (m) | Azerbaijan | [ˌæzəbaɪˈdʒɑːn] |
| Armênia (f) | Armenia | [ɑːˈmiːnɪə] |

Belarus	Belarus	[ˌbeləˈruːs]
Geórgia (f)	Georgia	[ˈdʒɔːdʒjə]
Cazaquistão (m)	Kazakhstan	[ˌkæzækˈstɑːn]
Quirguistão (m)	Kirghizia	[kɜːˈgɪzɪə]
Moldávia (f)	Moldavia	[mɒlˈdeɪvɪə]

| Rússia (f) | Russia | [ˈrʌʃə] |
| Ucrânia (f) | Ukraine | [juːˈkreɪn] |

Tajiquistão (m)	Tajikistan	[tɑːˌdʒɪkɪˈstɑːn]
Turquemenistão (m)	Turkmenistan	[ˌtɜːkmenɪˈstɑːn]
Uzbequistão (f)	Uzbekistan	[ʊzˌbekɪˈstɑːn]

150. Asia

Ásia (f)	Asia	[ˈeɪʒə]
Vietnã (m)	Vietnam	[ˌvjetˈnɑːm]
Índia (f)	India	[ˈɪndɪə]
Israel (m)	Israel	[ˈɪzreɪəl]

China (f)	China	[ˈʧaɪnə]
Líbano (m)	Lebanon	[ˈlebənən]
Mongólia (f)	Mongolia	[mɒŋˈgəʊlɪə]

| Malásia (f) | Malaysia | [məˈleɪzɪə] |
| Paquistão (m) | Pakistan | [ˈpækɪstæn] |

Arábia (f) Saudita	Saudi Arabia	[ˈsaʊdɪ əˈreɪbɪə]
Tailândia (f)	Thailand	[ˈtaɪlænd]
Taiwan (m)	Taiwan	[ˌtaɪˈwɑːn]
Turquia (f)	Turkey	[ˈtɜːkɪ]
Japão (m)	Japan	[dʒəˈpæn]
Afeganistão (m)	Afghanistan	[æfˈgænɪˌstæn]
Bangladesh (m)	Bangladesh	[ˌbæŋgləˈdeʃ]

| Indonésia (f) | Indonesia | [ˌɪndəˈniːzjə] |
| Jordânia (f) | Jordan | [ˈdʒɔːdən] |

Iraque (m)	Iraq	[ɪˈrɑːk]
Irã (m)	Iran	[ɪˈrɑːn]
Camboja (f)	Cambodia	[kæmˈbəʊdjə]
Kuwait (m)	Kuwait	[kʊˈweɪt]

Laos (m)	Laos	[laʊs]
Birmânia (f)	Myanmar	[ˌmaɪænˈmɑː(r)]
Nepal (m)	Nepal	[nɪˈpɔːl]
Emirados Árabes Unidos	United Arab Emirates	[juːˈnaɪtɪd ˈærəb ˈemərəts]

Síria (f)	Syria	[ˈsɪrɪə]
Palestina (f)	Palestine	[ˈpæləˌstaɪn]
Coreia (f) do Sul	South Korea	[saʊθ kəˈrɪə]
Coreia (f) do Norte	North Korea	[nɔːθ kəˈrɪə]

151. América do Norte

Estados Unidos da América	United States of America	[juːˈnaɪtɪd steɪts əv əˈmerɪkə]
Canadá (m)	Canada	[ˈkænədə]
México (m)	Mexico	[ˈmeksɪkəʊ]

152. América Central do Sul

Argentina (f)	Argentina	[ˌɑːdʒənˈtiːnə]
Brasil (m)	Brazil	[brəˈzɪl]
Colômbia (f)	Colombia	[kəˈlɒmbɪə]
Cuba (f)	Cuba	[ˈkjuːbə]
Chile (m)	Chile	[ˈtʃɪlɪ]

Bolívia (f)	Bolivia	[bəˈlɪvɪə]
Venezuela (f)	Venezuela	[ˌvenɪˈzweɪlə]
Paraguai (m)	Paraguay	[ˈpærəgwaɪ]
Peru (m)	Peru	[pəˈruː]
Suriname (m)	Suriname	[ˌsʊərɪˈnæm]
Uruguai (m)	Uruguay	[ˈjʊərəgwaɪ]
Equador (m)	Ecuador	[ˈekwədɔː(r)]
Bahamas (f pl)	The Bahamas	[ðə bəˈhɑːməz]
Haiti (m)	Haiti	[ˈheɪtɪ]

República Dominicana	Dominican Republic	[dəˈmɪnɪkən rɪˈpʌblɪk]
Panamá (m)	Panama	[ˈpænəmɑː]
Jamaica (f)	Jamaica	[dʒəˈmeɪkə]

153. Africa

| Egito (m) | Egypt | [ˈiːdʒɪpt] |
| Marrocos | Morocco | [məˈrɒkəʊ] |

Tunísia (f)	Tunisia	[tju:'nızıə]
Gana (f)	Ghana	['gɑ:nə]
Zanzibar (m)	Zanzibar	[ˌzænzɪ'bɑ:(r)]
Quênia (f)	Kenya	['kenjə]
Líbia (f)	Libya	['lıbıə]
Madagascar (m)	Madagascar	[ˌmædə'gæskə(r)]

Namíbia (f)	Namibia	[nə'mıbıə]
Senegal (m)	Senegal	[ˌsenı'gɔ:l]
Tanzânia (f)	Tanzania	[ˌtænzə'nıə]
África (f) do Sul	South Africa	[sauθ 'æfrıkə]

154. Austrália. Oceania

| Austrália (f) | Australia | [ɒ'streıljə] |
| Nova Zelândia (f) | New Zealand | [nju: 'zi:lənd] |

| Tasmânia (f) | Tasmania | [tæz'meınjə] |
| Polinésia (f) Francesa | French Polynesia | [frentʃ ˌpɒlı'ni:zjə] |

155. Cidades

Amesterdã, Amsterdã	Amsterdam	[ˌæmstə'dæm]
Ancara	Ankara	['æŋkərə]
Atenas	Athens	['æθınz]
Bagdade	Baghdad	[bæg'dæd]
Bancoque	Bangkok	[ˌbæŋ'kɒk]

Barcelona	Barcelona	[ˌbɑ:sı'ləunə]
Beirute	Beirut	[ˌbeı'ru:t]
Berlim	Berlin	[bɜ:'lın]
Bonn	Bonn	[bɒn]
Bordéus	Bordeaux	[bɔ:'dəu]

Bratislava	Bratislava	[ˌbrætı'slɑ:və]
Bruxelas	Brussels	['brʌsəlz]
Bucareste	Bucharest	[ˌbu:kə'rest]
Budapeste	Budapest	[ˌbju:də'pest]
Cairo	Cairo	['kaıərəu]

Calcutá	Kolkata	[koʊl'kɑ:tɑ:]
Chicago	Chicago	[ʃı'kɑ:gəu]
Cidade do México	Mexico City	['meksıkəu 'sıtı]
Copenhague	Copenhagen	[ˌkəupən'heıgən]
Dar es Salaam	Dar-es-Salaam	[ˌdɑ:ressə'lɑ:m]

Deli	Delhi	['delı]
Dubai	Dubai	[ˌdu:'baı]
Dublim	Dublin	['dʌblın]
Düsseldorf	Düsseldorf	[ˌdju:səl'dɔ:f]
Estocolmo	Stockholm	['stɒkhəum]
Florença	Florence	['flɒrəns]

Frankfurt	**Frankfurt**	['fræŋkfɜt]
Genebra	**Geneva**	[dʒɪ'ni:və]
Haia	**The Hague**	[ðə heɪg]
Hamburgo	**Hamburg**	['hæmbɜ:g]
Hanói	**Hanoi**	[hæ'nɔɪ]
Havana	**Havana**	[hə'vænə]
Helsinque	**Helsinki**	[hel'sɪŋkɪ]
Hiroshima	**Hiroshima**	[hɪ'rɒʃɪmə]
Hong Kong	**Hong Kong**	[ˌhɒŋ'kɒŋ]
Istambul	**Istanbul**	[ˌɪstæn'bʊl]
Jerusalém	**Jerusalem**	[dʒə'ru:sələm]
Kiev, Quieve	**Kyiv**	['ki:ev]
Kuala Lumpur	**Kuala Lumpur**	[ˌkwɑ:lə'lʊmˌpʊə(r)]
Lion	**Lyons**	[li:ɔ̃]
Lisboa	**Lisbon**	['lɪzbən]
Londres	**London**	['lʌndən]
Los Angeles	**Los Angeles**	[lɒs'ændʒɪli:z]
Madrid	**Madrid**	[mə'drɪd]
Marselha	**Marseille**	[mɑ:'seɪ]
Miami	**Miami**	[maɪ'æmɪ]
Montreal	**Montreal**	[ˌmɒntrɪ'ɔ:l]
Moscou	**Moscow**	['mɒskəʊ]
Mumbai	**Mumbai**	[mʊm'bai]
Munique	**Munich**	['mju:nɪk]
Nairóbi	**Nairobi**	[naɪ'rəʊbɪ]
Nápoles	**Naples**	['neɪpəlz]
Nice	**Nice**	['ni:s]
Nova York	**New York**	[nju: 'jɔ:k]
Oslo	**Oslo**	['ɒzləʊ]
Ottawa	**Ottawa**	['ɒtəwə]
Paris	**Paris**	['pærɪs]
Pequim	**Beijing**	[ˌbeɪ'dʒɪŋ]
Praga	**Prague**	[prɑ:g]
Rio de Janeiro	**Rio de Janeiro**	['ri:əʊ də dʒə'nɪərəʊ]
Roma	**Rome**	[rəʊm]
São Petersburgo	**Saint Petersburg**	[sənt 'pi:təzbɜ:g]
Seul	**Seoul**	[səʊl]
Singapura	**Singapore**	[ˌsɪŋə'pɔ:(r)]
Sydney	**Sydney**	['sɪdnɪ]
Taipé	**Taipei**	[taɪ'peɪ]
Tóquio	**Tokyo**	['təʊkjəʊ]
Toronto	**Toronto**	[tə'rɒntəʊ]
Varsóvia	**Warsaw**	['wɔ:sɔ:]
Veneza	**Venice**	['venɪs]
Viena	**Vienna**	[vɪ'enə]
Washington	**Washington**	['wɒʃɪŋtən]
Xangai	**Shanghai**	[ʃæŋ'haɪ]

www.ingramcontent.com/pod-product-compliance
Lightning Source LLC
LaVergne TN
LVHW051743080426

835511LV00018B/3202